„So hoff ich denn auf die Rosenzeit und freue mich,
wie die Zeit weiterrückt
und denke nicht daran,
dass sie das Leben mitnimmt."

Theodor Storm

an seine Braut Constanze Esmarch

# Theodor Storm

## *Lavendel und Levkojen*

### Mit dem Dichter durchs Gartenjahr

Herausgegeben und mit einem Nachwort
versehen von
Antje Erdmann-Degenhardt

Fotografien von Günter Pump

HUSUM

Lustig blühts in meinem Garten,
Herzensfreude, Augenlust! –
Möcht so gern mit meinen Rosen
Schmücken eine schöne Brust.

Komm mein Mädchen, lass dich zieren,
Hab für dich den Strauß gefüllt.
Mädchen lieben ja den Spiegel,
Und die Rose ist dein Bild.

Mädchen komm, was soll dein Zaudern,
Sieh noch sind die Blätter grün,
Mädchen komm, sonst wird die Rose
Wie die Hoffnung mir verblühn.

## Der Garten des Senators

Das Haus der Familie lag inmitten der Stadt in einer nach dem Hafen hinabgehenden Straße. Es hatte einen weiten, hohen Flur mit breiter Treppe in das Oberhaus, zur Linken neben der mächtigen Haustür das Wohnzimmer, in dem lang gestreckten Hinterhause die beiden Schreibstuben für die Kaufmannsgesellen und den Prinzipal; darüber, im oberen Stockwerk, lag der nur bei feierlichen Anlässen gebrauchte große Festsaal. Auch was derzeit sonst an Raum und Gelass für eine angesehene Familie nötig war, befand sich in und bei dem Hause; nur eines fehlte: Es hatte keinen Garten, sondern nur einen mäßig großen Steinhof, auf welchen oben die drei Fenster des Saales, unten die der Schreibstuben hinaussahen. Der karge Ausblick aus diesem Hofe ging über eine niedrige Grenzmauer auf einen Teil des hier nicht breiteren Nachbarhofes; der Nachbar selber aber war Herr Friedrich Jovers, und über die niedrige Mauer pflegten die beiden Brüder sich den Morgengruß zu bieten.

Gleichwohl fehlte es der Familie nicht an einem stattlichen Lust- und Nutzgarten, nur lag er einige Straßen weit vom Hause; doch immerhin so, dass er, wie man sich hier ausdrückt, „hintenum" zu erreichen war. Und für den vielbeschäftigten alten Kaufherrn mag es wohl gar eine Erquickung gewesen sein, wenn er spät nachmittags am Westrande der Stadt entlangwandelte, bisweilen anhaltend, um auf die grüne Marschweide hinabzuschauen, oder, wenn bei feuchter

Witterung der Meeresspiegel wie emporgehoben sichtbar wurde, darüber hinaus nach den Masten eines seiner auf der Reede ankernden Schiffe. Er zögerte dann wohl noch ein Weilchen, bevor er sich wieder in die Stadt zurückwandte; denn freilich galt es, von hier aus nun noch etwa zwanzig Schritte in eine breite Nebengasse hineinzubiegen, wo die niedrigen, aber sauber gehaltenen Häuser von Arbeitern und kleinen Handwerkern der hereinströmenden Seeluft wie dem lieben Sonnenlichte freien Eingang ließen. Hier wurde die nördliche Häuserreihe von einem grünen Weißdornzaune und dieser wiederum durch eine breite Staketpforte unterbrochen. Mit dem schweren Schlüssel, den er aus der Tasche zog, schloss der alte Herr die Pforte auf, und bald konnte man ihn auf dem geradlinigen, mit weißen Muscheln ausgestampften Steige in den Garten hineinschreiten sehen, je nach der Jahreszeit, den weißen Kopf seitwärts zu einer frisch erschlossenen Provinzrose hinabbeugend oder das Obst an den jungen, in den Rabatten neu gepflanzten Bäumen prüfend.

Der zwischen Buchseinfassung hinlaufende breite Steig führte nach etwa hundert Schritten zu einem im Zopfstil erbauten Pavillon; und es war für die angrenzende Gasse allemal ein Fest, wenn an Sonntagnachmittagen die Familie sich hier zum Kaffee versammelt hatte und dann beide Flügeltüren weit geöffnet waren. Der alte Andreas, welcher dicht am Garten wohnte, hatte an solchen Tagen schon in der Morgenfrühe oder vorher, am Sonnabend, alle Nebensteige geharkt und Blumen und Gesträuche sauber aufgebunden. Weiber

mit ihrem Nachwuchs auf den Armen, halbgewachsene Jungen und Mädchen drängten sich um die Pforte, um durch deren Stäbe einen Blick in die patrizischen Sommerfreuden zu erhaschen, mochten sie nun das blinkende Service des Kaffeetisches bewundern oder schärfer Blickende die nicht übel gemalte tanzende Flora an der Rückwand des Pavillons gewahren und nun lebhaft dafür eintreten, dass diese fliegende Dame das Bild der guten Frau Senator'n in ihren jungen Tagen vorstellte. Die ganze Freude der Jugend aber war ein grüner Papagei aus Kuba, der bei solchen Anlässen als vieljähriger Haus- und Festgenosse vor den Türen des Pavillons seinen Platz zu finden pflegte. Auf seiner Stange sitzend, pfiff er bald ein heimatliches Negerliedchen; bald, wenn von der Pforte her zu viele Finger und blanke Augen auf ihn zielten, schrie er, flügelschlagend, ein fast verständliches Wort zu der Gassenbrut hinüber. Dann frugen die Jungen unter einander: „Wat seggt he? Wat seggt de Papagoy?" Und immer war einer dazwischen, welcher Antwort geben konnte. „Wat he seggt? – ‚Komm röwer!', seggt he!" – Dann lachten die Jungen und stießen sich mit den Ellenbogen, und wenn Stachelbeeren an den Büschen oder Eierpflaumen an den Bäumen hingen, so hatten sie zum Herüberkommen gewiss nicht übel Lust. Aber das war schwerlich die Meinung des alten Papageien; denn wenn Herr Christian Albrecht, sein besonderer Gönner, mit einem Stückchen Zucker an die Stange trat, so schrie er ebenfalls: „Komm röwer!"

*Aus: Die Söhne des Senators*

## Mein schönes Wunderland

Es schwimmt auf hohen Wogen
Ein schönes Wunderland;
Bald nah, bald wieder ferne,
Von wen'gen nur gekannt.

Ein Land wo ewge Sonnen
Am Firmamente stehn,
Wo wunderschöne Menschen
In Rosen schlafen gehen.

Wo Märchenbilder rauschen
Durch laue Waldesnacht,
Und Blumen Küsse tauschen
In tausendfarbger Pracht.

Wo Liebe, Götterfreiheit
Das reine Leben küsst;
Wo alles voller Wunder,
Wo alles glücklich ist. –

Ach nur in Liedern weilet
Mein Land so schön, so hehr;
Ich mag es hoffen, ahnen;
Doch schauen nimmermehr.

### Frauen-Ritornelle

Blühende Myrte –
Ich hoffte süße Frucht von dir zu pflücken;
Die Blüte fiel; nun seh ich, dass ich irrte.

Schnell welkende Winden –
Die Spur von meinen Kinderfüßen sucht' ich
An eurem Zaun; doch konnt` ich sie nicht finden.

Muskathyazinthen –
Ihr blühtet einst in Urgroßmutters Garten;
Das war ein Platz; weltfern, weit, weit dahinten.

Dunkle Zypressen –
Die Welt ist gar zu lustig;
Es wird doch alles vergessen.

## An den Studienfreund Theodor Mommsen

*24. Mai. [1843]*
Ich komme soeben aus der Landvogtei und muss jetzt gleich wieder ein wenig reimen.

> Die Welt ist voll von Sommerlüften,
> Und ich plädiere im Gericht;
> In Aktenstaub und Moderdüften
> Versinkt das liebe Sonnenlicht.
>
> So scheidet mich allaugenblicklich
> Mein Amt aus dieser Sommerzeit –
> Nicht jeder ist, mein Freund, so glücklich
> Wie Sie in seiner Tätigkeit.
>
> Wenn Sie in Bummelsehnsuchtsstillung
> Sich wärmen nicht im Sonnenlicht,
> So schaun Sie als Berufserfüllung
> Den schmucken Dirnen ins Gesicht.

So schrieb ich heut Morgen; aber ich hab's nachgeholt; nach Tisch trank ich im elterlichen Garten auf dem Bleichplatz Kaffee; der Kaffeetisch stand freilich unterm großen Fliederbusch; aber ich setzte mich so recht in vollen Sonnenschein, und es war alles, dass der Gartenstuhl meine breite Behaglichkeit aushielt. Was hatte der gute Bleichplatz nicht schon von mir gesehn! Als Knabe meine Räuberspiele, meine Hütten von Laub, die ich im Herbst aus den abgehauenen Zweigen baute, als Primaner machte ich auf dem Platz, wo heut Nachmittag der Kaffeetisch stand, meine Abschiedsrede in freien Jamben – damals fühlte ich mich recht – dann später auch einmal eine Liebschaft, und jetzt? – Nun eine Tasse Kaffee ist auch nicht zu verachten. –

### An die Braut Constanze Esmarch

*17. April Mittwochabend 8 Uhr. [1844]*

> Die Kinder schreien Vivat hoch
> In die blaue Luft hinein;
> Den Frühling setzen sie auf den Thron,
> Der soll ihr König sein.

Dange, süße Dange, es ist wirklich gar zu schön; wie ich eben so durch den Garten nach Haus ging, hab ichs ganz deutlich gehört, wie die Kinder den Frühling einhurraht haben. Da muss der Poet mit dabei sein, es klingt und rauscht in meinem Herzen; wie Mommsen sagt, ein ganzer Kancionero von Liedern steckt darin. Auf den Straßen hört man draußen in den Gärten die Frösche musizieren.

*18. April Donnerstagabend 11 Uhr [1844]*
Der heutige Singverein war ein rechter Frühlingsklub; ich kann nicht helfen, mein süßes Herz, ich muss schon wieder vom Frühling sprechen; denn er war auf allen Gesichtern zu lesen, und es wurde mir gar wunderbar zumute, als wir grade nach einem Jahr heute das Mendelsson'sche Frühlingslied sangen, womit wir in der ersten Übung unsern Verein eröffneten, „O sanfter, süßer Hauch, schon weckst du wieder mir Frühlingslieder, bald blühn die Veilchen auch."
Die Worte sind von unserm alten Uhland, und Melodie und Text erhöhen noch die Frühlingsstimmung, die jetzt in allen Wesen pulsiert. Veilchen sind meine liebsten Blumen, im Garten ist es ganz blau, jeden Mittag nehme ich eins mit und trag es den ganzen Nachmittag im Munde mit umher, und mir ist dann immer, als sollt ich's Dir geben; Veilchenduft und Liebe laufen mir in Gedanken dann in eins zusammen; wärst Du doch jetzt bei mir, da die Veilchen blühn.

# Im Garten des Vetters Christian

Und so setzte denn, als eben Goldregen und Syringen im Garten des Vetters sich zum Blühen anschickten, ein braunes, rosiges Mädchen zum ersten Mal den Fuß über die Schwelle seines Hauses; und der Vetter konnte nicht begreifen, weshalb auch drinnen die alten Wände plötzlich zu leuchten begannen. Erst später meinte er bei sich selber, es sei der Strahl von Güte, der aus diesen jungen Augen gehe. Die Großtante freilich schüttelte etwas den Kopf über diese gar so jugendliche Haushälterin, und womit die alte Caroline geschüttelt, das hat der Vetter niemals offenbaren wollen.

Julie war keine schlanke Idealgestalt; sie war lieblich und rundlich, flink und behaglich, ein geborenes Hausmütterchen, unter deren Hand sich die Dinge geräuschlos, wie von selber, ordneten. Dabei, wenn ihr so recht etwas gelungen war, konnte sie sich oft einer jugendlichen Unbeholfenheit nicht erwehren; fast als habe sie für ihre Geschicklichkeit um Entschuldigung zu bitten. Ja, als einmal der Vetter ein lautes Wort des Lobes nicht zurückhalten konnte, sah er zu seinem Schrecken das Mädchen plötzlich wie mit Blut übergossen vor sich stehen und ganz deutlich glaubte er: „Oh, bitte, wenn Sie nichts dagegen haben!" die buchstäblichen Worte aus ihrem Munde zu vernehmen. In Wirklichkeit freilich hatte er sie nicht gehört; es war nur eine Konjektur, die er aus den braunen Augen herausgelesen hatte. […]

Inzwischen gingen die Jahreszeiten ihren Gang. Die Rosen im Garten hatten ausgeblüht; Hülsenfrüchte und Spargel waren nicht nur abgeerntet, es stand auch ein gut Teil davon in blanken Konserven in der Vorratskammer; daneben reihten sich sorgsam verpichte Flaschen, voll von Stachelbeeren und von jenen saftreichen Schattenmorellen, deren beliebiger Verwendung jetzt nichts mehr im Wege stand.

Beim Brechen des Kernobstes, das der Garten in den feinsten Arten hervorbrachte, leistete diesmal der Vetter selbst den besten Mann. Kühn wie ein Knabe holte er die großen Gravensteiner Äpfel von den höchsten Zweigen. Von draußen guckten die Nachbarsbuben mit gierigen Augen über die Planke und riefen in ihrem Plattdeutsch: „Lat mi helpen, lat mi helpen! Ick kann ganz baben in de Tipp!" – Aber der Vetter brauchte die Buben gar nicht, er konnte sich allein helfen. Dagegen, in der Freude seines Herzens, warf er oftmals einen Apfel zwischen sie, worüber denn jenseit der Planke ein lustiges Gebalge sich erhob; die schönsten aber, die mit den rotgestreiften Wangen, flogen zu seiner jungen Wirtschafterin hinab, die mit vorgehaltener Schürze unter dem Baume stand. Nur war sie heute nicht geschickt wie sonst; denn ihre Augen folgten dem Vetter ängstlich auf die schwanken Zweige, und ein etwas größerer Apfel schlug ihr fast jedes Mal den Schürzenzipfel aus der Hand.

*Aus: Beim Vetter Christian*

## An Constanze Esmarch

*Nachmittag 4 Uhr [22. Juni 1844]*
Es ist so drückend warm und doch dabei so unlebendig trübe und unsommerlich; ich habe aber hier in der Stube eine große prächtige Nelke in Blüte, auch eine Mahermia, die übersät ist und mit Hilfe der Moschuspflanze die Stube recht angenehm parfümiert.

*Abends 10 Uhr.*
Nun wirds besser, es ist ein schöner Sommerabend geworden; aber mein süße Dange, die Rosen blühn schon; Anna Tripel brachte Helene heut Abend eine ganze Handvoll, o wie ich da an Dich denken musste! Die Rosenknospen sahen grade aus wie Dein roter Mund. In der Rosenzeit müsst ich doch eigentlich bei Dir sein; sie wollen jetzt zum ersten Mal blühen, seit ich Dich liebe. Kannst Du's wohl fühlen, wenn so die Rosen rund um Dich her unaufhaltsam hervorbrechen, wie die ganze Natur in heißer Liebesglut entzündet ist? – Jetzt in der Rosenzeit möchte ich bei Dir sein, da würden in meinem Herzen die Liebeslieder heraufklingen wie die Rosen auf den Büschen blühen; aber alle würden in Küssen zerschmelzen. Du glaubst nicht, süße Constanze, wie sehr ich die Rosen liebe, aber nicht die blassen Dinger, die man in Töpfen zieht, nein die vollen glühenden Centifolien, die aussehen, als brennten sie in verzehrender Liebesglut, als wären sie in Liebesglut verschönt.

## Der Rosengarten

Und dann erzählte Frau Abel:
„Weit von dieser kleinen Stadt liegt der uralte Rosengarten, von dem die Sage geht, er sei am sechsten Schöpfungstage mit erschaffen worden. Innerhalb seiner Mauer stehen tausend rote Rosenbüsche, welche nie zu blühen aufhören; und jedes Mal, wenn in unserem Geschlechte, welches in vielen Zweigen durch alle Länder der Welt verbreitet ist, ein Kind geboren wird, springt eine neue Knospe aus den Blättern. Jeder Knospe ist eine Jungfrau zur Pflegerin bestellt, welche den Garten nicht verlassen darf, bis die Rose von dem geholt worden, durch dessen Geburt sie entsprossen ist. Eine solche Rose, welche du vorhin gesehen hast, besitzt die Kraft, ihren Eigentümer zeitlebens jung und schön zu erhalten. Daher versäumt denn nicht leicht jemand, sich seine Rose zu holen; es kommt nur darauf an, den rechten Weg zu finden; denn der Eingänge sind viele, und oft verwunderliche. Hier führt es durch einen dicht verwachsenen Zaun, dort durch ein schmales Winkelpförtchen, mitunter" – und Frau Abel sah ihren Eheherrn, der eben ins Zimmer trat, mit schelmischen Augen an –, „mitunter auch durchs Fenster!"
Herr Hinzelmeier lächelte und setzte sich neben das Bette seines Sohnes. Dann erzählte Frau Abel weiter:
„Auf diese Weise wird die größte Zahl der Jungfrauen aus ihrer Gefangenschaft erlöst und verlässt mit dem Besitzer der Rose den Garten. Auch deine Mutter war eine Rosenjungfrau

und pflegte sechzehn Jahre lang die Rose deines Vaters. Wer aber an dem Garten vorübergeht, ohne einzukehren, der darf niemals dahin zurück; nur der Rosenjungfrau ist es nach dreimal drei Jahren gestattet, in die Welt hinauszugehen, um den Rosenherrn zu suchen und sich durch die Rose aus der Gefangenschaft zu erlösen. Findet sie in dieser Zeit ihn nicht, so muss sie in den Garten zurück und darf erst nach wiederum dreimal dreien Jahren noch einmal den Versuch erneuern; aber wenige wagen den ersten, fast keine den zweiten Gang; denn die Rosenjungfrauen scheuen die Welt, und wenn sie ja in ihren weißen Gewändern hinausgehen, so gehen sie mit niedergeschlagenen Augen und zitternden Füßen; und unter hundert solcher Kühnen hat kaum eine Einzige den wandernden Rosenherrn gefunden. Für diesen aber ist dann die Rose verloren, und während die Jungfrau zu ewiger Gefangenschaft zurückgegangen ist, hat auch er die Gnade seiner Geburt verscherzt und muss wie die gewöhnliche Menschheit kümmerlich altern und vergehen. – Auch du, mein Sohn, gehörst zu den Rosenherren, und kommst du in die Welt hinaus, dann vergiss den Rosengarten nicht."

Herr Hinzelmeier neigte sich zur Frau Abel und küsste ihre seidenen Haare; dann sagte er, freundlich des Knaben andere Hand ergreifend: „Du bist jetzt groß genug! Möchtest du wohl in die Welt hinaus und eine Kunst erlernen?"

„Ja", sagte Hinzelmeier, „aber es müsste eine große Kunst sein; so eine, die sonst noch niemand hat erlernen können."

*Aus: Hinzelmeier*

## Die Nachtigall

Das macht, es hat die Nachtigall
Die ganze Nacht gesungen;
Da sind von ihrem süßen Schall,
Da sind in Hall und Widerhall
Die Rosen aufgesprungen.

Sie war doch sonst ein wildes Kind;
Nun geht sie tief in Sinnen,
Trägt in der Hand den Sommerhut
Und duldet still der Sonne Glut,
Und weiß nicht, was beginnen.

Das macht, es hat die Nachtigall
Die ganze Nacht gesungen;
Da sind von ihrem süßen Schall,
Da sind in Hall und Widerhall
Die Rosen aufgesprungen.

# Ein Rokoko-Idyll

In den höchsten Zweigen des Ahornbaums, der an der Gartenseite des Hauses stand, trieben die Stare ihr Wesen. Sonst war es still; denn es war Sommernachmittag zwischen eins und zwei.

Aus der Gartentür trat ein junger Reiteroffizier in weißer festtäglicher Uniform, den kleinen dreieckigen Federhut schief auf den Kopf gedrückt, und sah nach allen Seiten in die Gänge des Gartens hinab; dann, seinen Rohrstock zierlich zwischen den Fingern schwingend, horchte er nach einem offen stehenden Fenster im oberen Stockwerke hinauf, aus welchem sich in kleinen Pausen das Klirren holländischer Kaffeeschälchen und die Stimmen zweier alter Herren deutlich vernehmen ließen. Der junge Mann lächelte, wie jemand, dem was Liebes widerfahren soll, indem er langsam die kleine Gartentreppe hinunterstieg. Die Muscheln, mit denen der breite Steig bestreut war, knirschten an seinen breiten Sporen; bald aber trat er behutsam auf, als wolle er nicht bemerkt sein. – Gleichwohl schien es ihn nicht zu stören, als ihm aus einem Seitengange ein junger Mann in bürgerlicher Kleidung mit sauber gepuderter Frisur entgegenkam. Ein Ausdruck brüderlichen, fast zärtlichen Vertrauens zeigte sich in beider Antlitz, als sie sich schweigend die Hände reichten. „Der Syndicus ist droben; die alten Herren sitzen am Tokadilletisch", sagte der junge Bürger, indem er eine starke goldene Uhr hervorzog, „ihr habt zwei volle

Stunden! Geh nur, du kannst rechnen helfen." Er zeigte bei diesen Worten den Steig entlang nach einem hölzernen Lusthäuschen, das auf Pfählen über den unterhalb des Gartens vorüberströmenden Fluss hinausgebaut war.
„Ich danke dir, Fritz. Du kommst doch zu uns?"
Der Angeredete schüttelte den Kopf. „Wir haben Posttag!", sagte er und ging dem Hause zu. Der junge Offizier hatte den Hut in die Hand genommen, und ließ, während er den Steig hinabging, die Sonne frei auf seine hohe Stirn und seine schwarzen ungepuderten Haare scheinen. So hatte er bald den Schatten des kleinen Pavillons, der gegen Morgen lag, erreicht.
Die eine Flügeltür stand offen; er trat vorsichtig auf die Schwelle. Aber die Jalousien schienen von allen Seiten geschlossen; es war so dämmerig drinnen, dass seine noch eben des vollen Sonnenlichts gewöhnten Augen erst nach einer ganzen Weile die jugendliche Gestalt eines Mädchens aufzufassen vermochten, welche, inmitten des Zimmers an einem Marmortischchen sitzend, Zahl um Zahl mit sicherer Hand in einen vor ihr liegenden Folianten eintrug. Der junge Offizier blickte verhaltenen Atems auf das gepuderte Köpfchen, das, über den Blättern schwebend, wie von dem Zuge der Feder, harmonisch hin und wider bewegt wurde. Dann, als einige Zeit vorübergegangen, zog er seinen Degen eine Handbreit aus der Scheide und ließ ihn mit einem Stoß zurückfallen, dass es einen leichten Klang gab.

*Aus: Im Sonnenschein*

## Ein Tête-à-Tête im alten Garten

Er sah durch die Tür in den sonnbeschienenen Garten hinaus. „Ich habe dich", sagte er. „Es darf nicht anders werden."

Sie wiegte schweigend einige Male den Kopf; dann machte sie sich los und drängte ihn gegen die Tür. „Geh nun!", sagte sie. „Ich komme bald; ich lass dich nicht allein."

Er fasste ihr zartes Gesichtchen in seine Hände und küsste sie. Dann ging er zur Tür hinaus und seitwärts den Steig hinauf; an dem Ligusterzaun entlang, der das tiefere Flussufer von dem Garten trennte. So, während seine Augen dem unaufhaltsamen Vorüberströmen des Wassers folgten, gelangte er an einen Platz, wo das marmorne Bild einer Flora inmitten sauber geschorener Buchsbaumarabesken stand. Die zwischen den Schnörkeln eingelegten Porzellanscherben und Glaskorallenschnüre leuchteten zierlich aus dem Grün hervor; ein scharfes Arom erfüllte die Luft, untermischt zuweilen mit dem Duft der Provinzrosen, die hier zu Ende des Steiges an der Gartenmauer standen. In der Ecke zwischen diesem und dem Ligusterzaun war eine Laube, tief verschattet von wucherndem Geißblatt. Der Kapitän schnallte seinen Degen ab und setzte sich auf die kleine Bank. Dann begann er mit der Spitze seines Rohrstocks einen Buchstaben um den andern in den Boden zu zeichnen, die er immer wieder, als könne ein Geheimnis durch sie verraten werden, bis auf den letzten Zug zerstörte. So trieb er es

eine Zeitlang, bis seine Augen an dem Schatten einer Geißblattranke haften blieben, an deren Ende er die feinen Röhren der Blüte deutlich zu erkennen vermochte. Bald im längeren Betrachten bemerkte er daran den Schatten eines Lebendigen, der langsam an dem Stängel hinaufkroch. Er sah dem eine Weile zu; dann aber stand er auf und blickte über sich in das Gewirr der Ranken, um die gefährdete Blüte zu entdecken und das Ungeziefer herunterzuschlagen. Aber die Sonnenstrahlen brachen sich zwischen den Blättern und blendeten ihn; er musste die Augen abwenden. – Als er sich wieder auf die Bank gesetzt hatte, sah er wie zuvor die Ranke scharf und deutlich auf dem sonnigen Boden liegen; nur zwischen den schlanken Kelchen der Schattenblüte haftete jetzt eine dunkle Masse, die von Zeit zu Zeit durch zuckende Bewegungen eine emsige tierische Tätigkeit verriet. Er wusste nicht, wie es ihn überkam, er stieß nach dem arbeitenden Klumpen mit seinem Rohrstock; aber über ihm ging der Sommerwind durch das Gezweige, und die Schatten huschten ineinander und entwischten ihm. Er wurde eifrig; er spreizte die Knie auseinander und wollte eben zu einem neuen Stoße ausholen; da trat die Spitze eines seidenen Mädchenschuhs ihm in die Sonne.

Er blickte auf, Franziska stand vor ihm; die Feder hinterm Ohr, deren weiße Fahne wie ein Taubenfittich von dem gepuderten Köpfchen abstand. Sie lachte, eine ganze Weile; unhörbar erst, man sah es nur. Er lehnte sich zurück und blickte sie voll Entzücken an; sie lachte so leicht, so mühelos, es lief über sie hin wie ein Windhauch über den See; so lachte niemand anders.

„Was treibst du da!", rief sie endlich.

„Dummes Zeug, Fränzchen; ich scharmutziere mit den Schatten."

„Das kannst du bleiben lassen."

Er wollte ihre beiden Hände fassen; sie aber, die in diesem Augenblick sich nach der Gartenmauer umgesehen, zog ein Messerchen aus ihrer Tasche und schnitt damit die aufgeblühten Rosen aus den Büschen. „Ich werde Potpourri machen auf den Abend", sagte sie, während sie die Rosen an der Erde sorgfältig zu einem Häuflein zusammenlegte.

Er sah geduldig zu; er wusste schon, man musste sie gewähren lassen.

„Und nun?", fragte er, nachdem sie das Messer wieder eingeschlagen und in den Schlitz ihrer Robe hatte gleiten lassen.

„Nun, Constantin? – – Beisammen sein und die Stunden schlagen hören." – Und so geschah es. – Vor ihnen drüben in dem Zitronenbirnbaum flog der Buchfink ab und zu, und sie hörten tief im Laube das Kreischen der Nestlinge; dann wieder, ihnen selber kaum bewusst, drang das Schluchzen des unterhalb fließenden Wassers an ihr Ohr; mitunter sank eine Kaprifolienblüte zu ihren Füßen; von Viertelstunde zu Viertelstunde schlug drüben im Hause die Amsterdamer Spieluhr. Es wurde ganz stille zwischen ihnen.

*Aus: Im Sonnenschein*

### Hinter den Tannen

Sonnenschein auf grünem Rasen,
Krokus drinnen blau und blass;
Und zwei Mädchenhände tauchen
Blumen pflückend in das Gras.

Und ein Junge kniet daneben,
Gar ein übermütig Blut;
Und sie schaun sich an und lachen –
O wie kenn ich sie so gut!

Hinter jenen Tannen war es,
Jene Wiese schließt es ein –
Schöne Zeit der Blumensträuße,
Stiller Sommersonnenschein!

## In Großmütterchens Garten

Da ging ein junger flüchtiger Schritt am Hause vorüber. „Fru Nawersch" und „Jungfer Möddern" erwachten, die Stricknadeln fingen mechanisch wieder an zu klirren; Jungfer Möddern hob ihre schwere Last ein wenig von dem Beischlag auf und ließ sie wieder sinken, indem sie tief schmunzelnd einen Gruß auf die Straße hinausnickte. „Mamsell Feddersen!", flüsterte sie ihrer Schwester zu, die mit kleinen Augen zu ihr hinüberstarrte.
Und richtig! Es war das Großmütterchen; in leichter Kontusche eilte sie vorüber. – –
Nebenan in der Gasse, die kaum hundert Schritte weiter von Norden her in den Hafenplatz ausmündet, lag das neuerbaute Haus des Großvaters, in welchem zur Zeit noch eine Schwester ihm die Wirtschaft führte. [...]
Im Kellergeschoss kam hinten aus der Gesindestube die Köchin im buntgestreiften Wollenrock und berichtete von unten herauf, dass die Mamsell „nur ein Gewerbe ausgegangen" und bald wieder da sein werde. – Das Großmütterchen ging wieder aus der Hoftür, dann rechts ein Steintreppchen hinauf in den Garten, wo zwischen gefälligen Partien im Jasmingesträuche das in Holz geschnitzte Bildnis einer Flora stand. Eine weitere Treppe, deren Geländer auf buntfarbigen Stäben ruhte, führte sie in den Obergarten. Hier waren noch die steifen gradlinigen Rabatten, der breite Steg dazwischen mit weißen Muscheln ausgestreut; perennierende Ge-

wächse mit zarten blauen oder weißen Blumen und leuchtend gelben Staubfäden, andere mit feinen rötlichen Quästchen oder mit Blumen, wie aus durchsichtigem Papier geschnitten, dergleichen man nur noch in alten Gärten findet, daneben gelbe und blutrote Nelken blühten hier zu beiden Seiten und verhauchten ihren süßen Sommerduft.
Zu Ende des Steiges in der jungen Lindenlaube saß jetzt das Großmütterchen. Sie zog unter ihrem Brusttuche den dort verwahrten Brief hervor, den sie freilich schon daheim im Kämmerchen erbrochen und gelesen hatte. Aber das war ja nur das erste Mal.

*Aus: Von heut' und ehedem*

## Großmutter erzählt

„Der Saal ist noch nicht so alt", erwiderte sie, „ich weiß noch wohl, als er gebaut wurde."
„Gebaut? Was war denn früher hier?"
„Früher?", wiederholte die Großmutter; dann verstummte sie eine Weile und saß da wie ein lebloses Bild; ihre Augen sahen rückwärts in eine vergangene Zeit, ihre Gedanken waren bei den Schatten der Dinge, deren Wesen lange dahin war. Dann sagte sie: „Es ist achtzig Jahre her; dein Großvater und ich, wir haben es uns oft nachher erzählt – die Saaltür führte dazumal nicht in einen Hausraum, sondern aus dem Hause hinaus in einen kleinen Ziergarten; es ist aber

nicht mehr dieselbe Tür, die alte hatte Glasscheiben, und man sah dadurch gerade in den Garten hinunter, wenn man zur Haustür hereintrat. Der Garten lag drei Stufen tiefer, die Treppe war an beiden Seiten mit buntem chinesischen Geländer versehen. Zwischen zwei von niedrigem Buchs eingefassten Rabatten führte ein breiter, mit weißen Muscheln ausgestreuter Steig nach einer Lindenlaube, davor zwischen zweien Kirschbäumen hing eine Schaukel; zu beiden Seiten der Laube an der hohen Gartenmauer standen sorgfältig aufgebundene Aprikosenbäume. – Hier konnte man sommers in der Mittagsstunde deinen Urgroßvater regelmäßig auf- und abgehen sehen, die Aurikel und holländischen Tulpen auf den Rabatten ausputzend oder mit Bast an weiße Stäbchen bindend. Er war ein strenger, akkurater Mann mit militärischer Haltung, und seine schwarzen Augbrauen gaben ihm bei den weiß gepuderten Haaren ein vornehmes Ansehen.

*Aus: Im Saal*

## Im Frühling

Die Kränze, die du dir als Kind gebunden,
Sie sind verwelkt und längst zu Staub verschwunden;
Doch blühn wie damals noch Jasmin und Flieder
Und Kinder binden deine Kränze wieder.

## **Urgroßmutters Garten an der Husumer Au**

Wenn ich in der Sommerzeit die Schlüssel erhalten hatte, wanderte ich den kleinen Weg hinaus, grad' auf vom urgroßväterlichen Hause. Ich erschloss die Außentür, ich ging durch den kleinen mit holländischen Klinkern gepflasterten hallenden Gang, nach dem große geschlossene Doppeltore hinauslagen; dann schloss ich auch die Hintertür auf, stieg ein Trepplein, über dem sich der mächtige Zitronen-Birnbaum wölbte, hinunter und war nun in dem einsamen Garten, der im Rücken den eben durchwanderten Speicher, zur Linken eine blinde Hausmauer und eine sehr hohe mit köstlichen Augustapfel-Spalierbäumen besetzte hohe Planke und zur Rechten das Gleiche hatte. Vor mir, wie schon das Glucksen des Wassers bekundete, trennte ihn nur ein breiter Ligusterzaun, mit dahinter stehendem Stakett, von dem als Fortsetzung des Hafens tief unten fließenden Austrom. Aber in der Ecke rechts war ein Lusthaus mit kleinem Umgang darüber hinausgebaut, dessen Läden freilich alle dicht waren; aber auch dazu hatte ich den Schlüssel; und mein Erstes war es, die Türe aufzuschließen und die Läden zu öffnen. Dann wurde freilich nichts als die mit Binsenrohr beflochtenen Gartenstühle und ein Tischchen sichtbar und in die dumpfe Luft da drinnen drang der helle Sonnenschein; aber in einer Rabatte vor dem Häuschen stand der größte Geißblattstrauch, den ich noch gesehen, und viele Hundert Blüten waren darauf und verbreiteten ihren würzigen Duft und viele Bienen und Fliegen und Wespen und Schmetterlinge summten und surrten darauf herum und sogen an den Blüten. Da setzte ich mich denn auf die Holzstufen zu dem kleinen Lusthaus, und sah träumerisch dem fremden Leben zu.

*Aus: Aus der Jugendzeit*


## An Constanze Esmarch

*Abends 9 Uhr [11. März 1846]*
Noch einmal komm ich zu Dir, mein einziges geliebtes Herz. Ich bin eben mit Tante Brick durch den Garten gewandelt im Mondschein; mir wars, als wandelte ich in meine Zukunft; so traumartig nimmt sich alles aus, die neue Laube mit dem breiten Steig davor zeichnete sich so scharf ab, die kleinen Tannen warfen so zierliche Schatten; alles Rohe und Unbehülfliche, was bei Tage noch darin zu sehen, ist entfernt durch die wunderbare Beleuchtung. Wenn ich nur denke, dass ich hier noch hoffentlich an manchem Mondscheinsommerabend mit Dir auf und ab wandeln werde, so drängt es sich mir unwillkührlich auf, welche Menschen, welch glückliches Paar wohl vor uns in diesem kleinen Raum sich des süßen Lebens gefreut, und wie vielen nach uns hier noch Freude und Liebe mit den Blumen aufblühn wird. –

Du wolltest Jasmine an der neuen Laube? Aber weil die Pflanzen so rasch trieben, musste ich mit dem Einsetzen eilen und nun ist's ja rotes Geißblatt geworden. Aber schöner wird sie jetzt als mit Jasmin, und Livoni sagt, sie werde noch diesen Sommer dicht. An der einen Seite aber steht eine Syringe, an der andern Seite ein andrer Strauch, den ich aber mit einem Jasmin umtauschen will.


### Ritornelle

Maienglocken,
Ich seh euch jetzt verlassen blühn im Garten.
Sonst hieltet ihr euch gern zu braunen Locken.

Blaue Veilchen,
Ich kenn euch, ich lieb euch, ich find euch;
Wartet nur ein Weilchen!

Braune Myrten,
Euch schaut ich an; doch wisst ihr auch,
Wohin die Gedanken irrten?

## Der Garten in Westermühlen

Westermühlen: Bei diesem Worte steigt ein ganzes Wald- und Mühlenidyll in mir auf; das kleine in Busch und Baum begrabene Dorf war die Geburts- und Heimstätte meines Vaters; hier lebten und wirtschafteten in meinen ersten Lebensjahren noch die beiden Eltern meines Vaters.

Fünf Meilen etwa durch meist kahle Gegend führte aus meiner Vaterstadt der Weg dahin; dann aber ist mir, als habe plötzlich warmer Baumschatten mich umfangen, ein paar niedrige Strohdächer sahen seitwärts aus dem Laub heraus, zur Linken hörte ich das Rauschen und Klappern einer Wassermühle und der Wagen, auf dem ich saß, fuhr über knirschenden Kies in eine dämmerige Tiefe. Wasser spritzte von den Rädern: wir fuhren durch ein kleines Gewässer, in dessen dunkle Flut Erlen und größere Waldbäume ihre Zweige von beiden höheren Ufern herabsenkten. Aber schon nach kaum hundert Schritten ging es wieder aufwärts, dann links herum und auf einem freien Platze und auf festem Boden rasselte der Wagen vor das zur Rechten liegende Müllerhaus, und mir ist noch, als sähe ich als etwa zweijähriges Bürschlein wie Schattengestalten meine Großeltern, den klugen strengen Großvater und die kleine runde Großmutter, aus der etwas höher belegenen und von zwei Seitenbänken flankierten Haustür uns entgegentreten, die wie die zu beiden Seiten gelegenen hohen Fenster des lang gestreckten schwarzen Hauses von den Kronen der davorstehenden Linden umdunkelt war. Es ist das einzige Mal, dass ich die Eltern meines Vaters mit kaum bewussten Augen sah; es ist lange her, fast 70 Jahre.

Von dem durch Lindengrün umdüsterten Hause sah man über den davorliegenden freien Platz, von der linken Seite beginnend, zunächst auf einen Baum- und Obstgarten, welcher sich nach dem soeben von uns durchfahrenen schwarzen Wasser herabsenkte, – daran schlossen sich in gleicher Linie Ställe und Wirtschaftsgebäude; dann das alte schütternde Fachwerk-Gebäu der Wassermühle und hinter dieser eine Holzbrücke, unter welcher der Mühlstrom sich hindurch und rauschend in die Speichen des großen Rades stürzte; aber Obstgarten, Stallungen, Mühle und Brücke, alles – wenn meine Erinnerung mich nicht trügt – lag unter den Wipfeln ungeheurer Eichbäume, wie ich sie nie zuvor zu Haus gesehen hatte.

Hinter dem Wohnhause war ein großer Garten, voll von Obstbäumen, Zentifolien und Lavendel; er hatte seine größte Breite nach rechts vom Hause aus; der von dorther durch Wiesen kommende Mühlstrom bildete in breiterer Ausdehnung hier seine Grenze.

*Aus: Aus der Jugendzeit*

**Im Garten**

Hüte, hüte den Fuß und die Hände,
Eh sie berühren das ärmste Ding!
Denn du zertrittst eine hässliche Raupe,
Und tötest den schönsten Schmetterling!


**„Ein grünes Blatt"**

Verlassen trauert nun der Garten,
Der uns so oft vereinigt hat;
Da weht der Wind zu euern Füßen
Vielleicht sein letztes grünes Blatt.

## Der Garten eines Imkers

Aus der formlosen Masse des Waldes trat nun das Laub der Buchen und Eichbäume in scharfen Umrissen hervor, und bald gingen sie im Schatten des Geheges entlang, bis sie das Ende desselben erreicht hatten. Hier, wo auch die Heide aufhörte, stand im Schein der Nachmittagssonne eine kleine Kätnerwohnung. Eine Katze, die sich auf dem niedrigen Strohdache gesonnt hatte, sprang bei ihrer Ankunft auf den Boden und strich spinnend um die halb geöffnete Haustür. Sie traten in eine schmale Vordiele, welche an den Wänden hin mit leeren Bienenkörben und mancherlei Gartengeräte ganz besetzt war. Zu Ende derselben klinkte Regine eine Tür auf, und Gabriel sah über ihre Schulter in ein kleines Zimmer; aber es war nichts darinnen als einsamer Sonnenschein, der an den Messingknöpfen des Ofens spielte, und der Pendelschlag einer alten Schwarzwälder Wanduhr.

„Wir müssen nach dem Immenhof", sagte das Mädchen. Gabriel lehnte seine Büchse in eine Ecke des Zimmers; dann gingen sie in den Garten, der unmittelbar unter den Fenstern lag. – Aus der Haustür waren sie unter das Laubdach eines mächtigen Kirschbaumes getreten, der seine Zweige über das Haus breitete; ein gerader Steig zwischen schmalen Gemüsebeeten führte sie durch den Garten und aus diesem heraus auf eine kleine Wiese, von welcher ein viereckiges Plätzchen durch dichte Buchenhecken abgezäunt war. Die kleine Pforte, welche den Eingang zu demselben verschloss, war niedrig genug, dass Gabriel über sie hinweg das Innere übersehen konnte. Als sie herangetreten waren, gewahrte er gegenüber an der Laubwand, schon in halbem Schatten, ein hölzernes Bienenhäuschen, worauf die Strohkörbe neben und in doppelter Reihe übereinander standen. Seitwärts auf einem Bänkchen saß ein Greis in der Bauerntracht dieser Gegend; die Sonne schien auf seine gänzlich weißen Haare. Eine Drahtmaske, ein leerer Korb und anderes Geräte lag neben ihm auf der Erde; in der Hand hielt er einen Melissenstengel, den er aufmerksam zu betrachten schien. Im schärfern Hinsehen bemerkte Gabriel, wie das Kraut von einzelnen Bienen umschwärmt wurde, während andere von den Blättern auf die Hände des alten Mannes hinüberkrochen.

*Aus: Ein grünes Blatt*

## Hüben, drüben

In seinem Garten wandelt er allein;
In alle Bäume gräbt er immer wieder
Gedankenschwer den einz'gen Namen ein,
Und in dem Namen klagen seine Lieder.

Sanft blaut der Himmel, milde Rosen webt
Die Sommerzeit durch mächt'ge Blättermassen.
Er schaut sie nicht; die Zeit, in der er lebt,
Ist alt, verblüht, von allen längst verlassen.

## Der Garten der Erinnerungen

Dann trat er dicht daneben an das Fenster und öffnete beide Flügel desselben.

Der Himmel war voll Wolken; das Licht des Mondes konnte nicht herabgelangen. Drunten in dem kleinen Garten lag das wuchernde Gesträuch wie eine dunkle Masse; nur dort, wo zwischen schwarzen pyramidenförmigen Koniferen der Steig zur Rohrhütte führte, schimmerte zwischen ihnen der weiße Kies hindurch.

Und aus der Phantasie des Mannes, der in diese Einsamkeit hinabsah, trat eine liebliche Gestalt, die nicht mehr den Lebenden angehörte; er sah sie unten auf dem Steige wandeln, und ihm war, als gehe er an ihrer Seite.

„Lass dein Gedächtnis mich zur Liebe stärken", sprach er; aber die Tote antwortete nicht; sie hielt den schönen, bleichen Kopf zur Erde geneigt; er fühlte mit süßem Schauder ihre Nähe, aber Worte kamen nicht von ihr.

Da bedachte er sich, dass er hier oben ganz allein stehe. Er glaubte an den vollen Ernst des Todes; die Zeit, wo sie gewesen, war vorüber. – Aber unter ihm lag noch wie einst der Garten ihrer Eltern; von seinen Büchern durch das Fenster sehend, hatte er dort zuerst das kaum fünfzehnjährige Mädchen erblickt; und das Kind mit den blonden Flechten hatte dem ernsten Manne die Gedanken fortgenommen, immer mehr, bis sie zuletzt als Frau die Schwelle seines Hauses überschritten und ihm alles und noch mehr zurückge-

bracht hatte. – Jahre des Glückes und freudigen Schaffens waren mit ihr eingezogen; den kleinen Garten aber, als die Eltern früh verstorben waren und das Haus verkauft wurde, hatten sie behalten und durch eine Pforte in der Grenzmauer mit dem großen Garten ihres Hauses verbunden. Fast verborgen war schon damals diese Pforte unter hängendem Gesträuch, das sie ungehindert wachsen ließen; denn sie gingen durch dieselbe in den traulichsten Ort ihres Sommerlebens, in welchen selbst die Freunde des Hauses nur selten hineingelassen wurden. – – In der Rohrhütte, in welcher er einst von seinem Fenster aus die jugendliche Geliebte über ihren Schularbeiten belauscht hatte, saß jetzt zu den Füßen der blonden Mutter ein Kind mit dunklen, nachdenklichen Augen; und wenn er nun den Kopf von seiner Arbeit wandte, so tat er einen Blick in das vollste Glück des Menschenlebens. – – Aber heimlich hatte der Tod sein Korn hineingeworfen. Es war in den ersten Tagen eines Junimondes, da trug man das Bett der schwer Erkrankten aus dem daranliegenden Schlafgemach in das Arbeitszimmer ihres Mannes; sie wollte die Luft noch um sich haben, die aus dem Garten ihres Glückes durch das offene Fenster wehte. Der große Schreibtisch war beiseite gestellt; seine Gedanken waren nun alle nur bei ihr. – Draußen war ein unvergleichlicher Frühling aufgegangen; ein Kirschbaum stand mit Blüten überschneit. In unwillkürlichem Drange hob er die leichte Gestalt aus den Kissen und trug sie an das Fenster. „Oh, sieh es noch einmal! Wie schön ist doch die Welt!"

Aber sie wiegte leise ihren Kopf und sagte: „Ich sehe es nicht mehr." – –

*Aus: Viola tricolor*

## Abends

Die Drossel singt, im Garten scheint der Mond;
Halb träumend schwankt im Silberschein die Rose.
Der Abendfalter schwingt sich sacht heran,
Im Flug zu ruhn an ihrem zarten Moose.

Nun schwirrt er auf – doch sieh! er muss zurück;
Die Rose zwingt ihn mit gefeitem Zügel.
An ihrem Kelche hängt der Schmetterling,
Vergessend sich und seine bunten Flügel. – –

Die Drossel singt, im Garten scheint der Mond;
Halb träumend wiegst du dich in meinen Armen –
O gönne mir der Lippen feuchte Glut,
Erschließ den Rosenkelch, den liebewarmen!

Du bist die Blume, die mich einzig reizt!
Dein heller Blick ist ein gefeiter Zügel!
An deinen Lippen hängt der Schmetterling,
Sich selbst vergessend und die bunten Flügel.

## Zur Rosenzeit

Und es war wieder Rosenzeit. – Auf dem breiten Steige des großen Gartens hielt ein lustiges Gefährte. Nero war augenscheinlich avanciert; denn nicht vor einem Puppen-, sondern vor einem wirklichen Kinderwagen stand er angeschirrt und hielt geduldig still, als Nesi an seinem mächtigen Kopfe jetzt die letzte Schnalle zuzog. Die alte Anne beugte sich zu dem Schirm des Wägelchens und zupfte an den Kissen, in denen das noch namenlose Töchterchen des Hauses mit großen offenen Augen lag; aber schon rief Nesi: „Hü hott, alter Nero!" und in würdevollem Schritt setzte die kleine Karawane sich zu ihrer täglichen Spazierfahrt in Bewegung.

Rudolf und mit ihm Ines, die schöner als je an seinem Arme hing, hatten lächelnd zugeschaut; nun gingen sie ihren eigenen Weg; seitwärts schlugen sie sich durch die Büsche entlang der Gartenmauer, und bald standen sie vor der noch immer verschlossenen Pforte. Das Gesträuch hing nicht wie sonst herab; ein Gestelle war untergebaut, sodass man wie durch einen schattigen Laubengang hinangelangte. Einen Augenblick horchten sie auf den vielstimmigen Gesang der Vögel, die drüben in der noch ungestörten Einsamkeit ihr Wesen trieben. Dann aber, von Ines' kleinen kräftigen Händen bezwungen, drehte sich der Schlüssel und kreischend sprang der Riegel zurück. Drinnen hörten sie die Vögel aufrauschen, und dann war alles still. Um eine Handbreit stand

die Pforte offen; aber sie war an der Binnenseite von blühendem Geranke überstrickt; Ines wandte alle ihre Kräfte auf, es knisterte und knickte auch dahinter; aber die Pforte blieb gefangen.

„*Du* musst!", sagte sie endlich, indem sie lächelnd und erschöpft zu ihrem Mann emporblickte.

Die Männerhand erzwang den vollen Eingang; dann legte Rudolf das zerrissene Gesträuch sorgsam nach beiden Seiten zurück.

Vor ihnen schimmerte jetzt in hellem Sonnenlicht der Kiesweg; aber leise, als sei es noch in jener Mondnacht, gingen sie zwischen den tiefgrünen Koniferen auf ihm hin, vorbei an den Zentifolien, die mit Hunderten von Rosen aus dem wuchernden Kraut hervorleuchteten, und am Ende des Steiges unter das verfallene Rohrdach, vor welchem jetzt die Clematis den ganzen Gartenstuhl besponnen hatte. Drinnen hatte, wie im vorigen Sommer, die Schwalbe ihr Nest gebaut; furchtlos flog sie über ihnen aus und ein.

*Aus: Viola tricolor*

## Zu Emma Mannhardts Polterabend
## Mit Rosen

Dass es doch immer wieder Rosen gibt,
Das ist so tröstlich auf der Lebensreise;
Sie stehn am Wege und sie grüßen leise,
Und keine Sorg und Mühe darf dich reuen,
Solange Rosen noch dein Herz erfreuen.
Dass es doch immer wieder Rosen gibt,
Das ist so tröstlich auf der Lebensreise.

## An den Schwiegervater
## Ernst Esmarch nach der Hochzeit

*Husum, 19. September 1846*
Unsrerseits haben wir noch keine Visiten gemacht und wollen es damit auch leise angehen lassen. Morgen als am Sonntag sind wir zu Mittag in der Hohlen Gasse. Constanze wurde durch die hübsche Wohnung und den Garten, in dem wir gestern eine große Fliederbeerenernte hielten, sehr erfreut, und ich kann Dich versichern, dass sie die Qualität der Hausfrau bereits auf das Strebsamste an den Tag legt; augenblicklich kocht sie den Fliedersaft ein. Doch ich sehe, dass ich mich so sehr in Haushaltungssachen verliere, dass die liebe kleine Frau notwendig selbst das Wort nehmen muss.

Dein Theodor

## Wenn die Äpfel reif sind

Es war mitten in der Nacht. Hinter den Linden, die längs dem Plankenzaun des Gartens standen, kam eben der Mond herauf und leuchtete durch die Spitzen der Obstbäume und drüben auf die Hinterwand des Hauses, bis hinunter auf den schmalen Steinhof, der durch ein Staket von dem Garten getrennt war; die weißen Vorhänge hinter dem niedrigen Fensterchen waren ganz von seinem Licht beschienen. Mitunter war's, als griffe eine kleine Hand hindurch und zöge sie heimlich auseinander; einmal sogar lehnte die Gestalt eines Mädchens an die Fensterbank. Sie hatte ein weißes Tüchlein unters Kinn geknotet und hielt eine kleine Damenuhr gegen das Mondlicht, auf der sie das Rücken des Weisers aufmerksam zu betrachten schien. Draußen vom Kirchturm schlug es eben drei Viertel.

Unten zwischen den Büschen des Gartens auf den Steigen und Rasenplätzen war es dunkel und still; nur der Marder, der in den Zwetschen saß, schmatzte bei seiner Mahlzeit und kratzte mit den Klauen in die Baumrinde. Plötzlich hob er die Schnauze. Es rutschte etwas draußen an der Planke; ein dicker Kopf guckte herüber. Der Marder sprang mit einem Satz zu Boden und verschwand zwischen den Häusern; von drüben aber kletterte ein untersetzter Junge langsam in den Garten hinab.

Dem Zwetschenbaum gegenüber, unweit der Planke, stand ein nicht gar hoher Augustapfelbaum; die Äpfel waren ge-

rade reif, die Zweige brechend voll. Der Junge musste ihn schon kennen; denn er grinste und nickte ihm zu, während er auf den Fußspitzen an allen Seiten um ihn herumging; dann, nachdem er einige Augenblicke still gestanden und gelauscht hatte, band er sich einen großen Sack vom Leibe und fing bedächtig an zu klettern. Bald knickte es droben zwischen den Zweigen und die Äpfel fielen in den Sack, einer um den andern in kurzen regelrechten Pausen.

Da zwischendrein geschah es, dass ein Apfel nebenbei zur Erde fiel und ein paar Schritte weiter ins Gebüsch rollte, wo ganz versteckt eine Bank vor einem steinernen Gartentischchen stand. An diesem Tische aber – und das hatte der Junge nicht bedacht – saß ein junger Mann mit aufgestütztem Arm und gänzlich regungslos. Als der Apfel seine Füße berührte, sprang er erschrocken auf; einen Augenblick später trat er vorsichtig auf den Steig hinaus. Da sah er droben, wohin der Mond schien, einen Zweig mit roten Äpfeln unmerklich erst und bald immer heftiger hin und her schaukeln; eine Hand fuhr in den Mondschein hinauf und verschwand gleich darauf wieder samt einem Apfel in den tiefen Schatten der Blätter.

Der unten Stehende schlich sich leise unter den Baum und gewahrte nun endlich auch den Jungen wie eine große schwarze Raupe um den Stamm herumhängen. Ob er ein Jäger war, ist seines kleinen Schnurrbartes und seines ausgeschweiften Jagdrocks unerachtet schwer zu sagen; in diesem Augenblicke aber musste ihn so etwas wie ein Jagdfie-

ber überkommen; denn atemlos, als habe er die halbe Nacht hier nur gewartet, um die Jungen in den Apfelbäumen zu fangen, griff er durch die Zweige und legte leise, aber fest, seine Hand um den Stiefel, welcher wehrlos an dem Stamme herunterhing. Der Stiefel zuckte, das Apfelpflücken droben hörte auf; aber kein Wort wurde gewechselt. Der Junge zog, der Jäger fasste nach; so ging es eine ganze Weile; endlich legte der Junge sich aufs Bitten.
„Lieber Herr!"
„Spitzbube!"
„Den ganzen Sommer haben sie über den Zaun geguckt!"
„Wart nur, ich werde dir einen Denkzettel machen!", und dabei griff er in die Höhe und packte den Jungen in den Hosenspiegel. „Was das für derbes Zeug ist!", sagte er.
„Manchester, lieber Herr!"
Der Jäger zog ein Messer aus der Tasche und suchte mit der freien Hand die Klinge aufzumachen. Als der Junge das Einschnappen der Feder hörte, machte er Anstalten hinabzuklettern. Allein der andere wehrte ihm. „Bleib nur!", sagte er, „du hängst mir eben recht!"
Der Junge schien gänzlich wie verlesen – „Herrjemine!", sagte er, „es sind des Meisters seine! – Haben Sie denn gar kein Stöckchen, lieber Herr? Sie könnten es mit mir alleine abmachen! Es ist mehr Pläsier dabei; es ist eine Motion; der Meister sagt, es ist so gut wie Spazierenreiten!"
Allein – der Jäger schnitt. Der Junge, als er das kalte Messer so dicht an seinem Fleisch heruntergleiten fühlte, ließ den

vollen Sack zur Erde fallen; der andere aber steckte den ausgeschnittenen Flecken sorgfältig in die Westentasche.
„Nun kannst du allenfalls herunterkommen!", sagte er.
Er erhielt keine Antwort. Ein Augenblick nach dem andern verging; aber der Junge kam nicht. Von seiner Höhe aus hatte er plötzlich, während ihm von unten her das Leid geschah, im Hause drüben das schmale Fensterchen sich öffnen sehen. Ein kleiner Fuß streckte sich heraus – der Junge sah den weißen Strumpf im Mondschein leuchten – und bald stand ein vollständiges Mädchen draußen auf dem Steinhof. Ein Weilchen hielt sie mit der Hand den offenen Fensterflügel; dann ging sie langsam an das Pförtchen des Staketenzaunes und lehnte sich mit halbem Leibe in den dunkeln Garten hinaus.
Der Junge renkte sich fast den Hals aus, um das alles zu betrachten. Dabei schienen ihm allerlei Gedanken zu kommen; denn er verzog den Mund bis an die Ohren und stellte sich breitspurig auf zwei gegenüberstehende Äste, während er mit der einen Hand das geschädigte Kleidungsstück zusammenhielt.
„Nun, wird's bald?", fragte der andere.
„Es wird schon", sagte der Junge.
„So komm herunter!"
„Es ist nur", erwiderte der Junge, und biss in einen Apfel, dass der Jäger es unten knirschen hörte, „es ist nur, dass ich just ein Schuster bin!"
„Was denn, wenn du kein Schuster wärst?"

„Wenn ich ein Schneider wäre, würde ich mir das Loch von selber flicken." Und er fuhr fort, seinen Apfel zu verspeisen. Der junge Mann suchte in seiner Tasche nach kleiner Münze, aber er fand nur einen harten Doppeltaler. Schon wollte er die Hand zurückziehen, als er von unten her ganz deutlich ein Klinken an der Gartentür vernahm. Auf dem Kirchturm drüben schlug es eben zwölf. – Er fuhr zusammen. „Dummkopf!", murmelte er und schlug sich vor die Stirn. Dann griff er wieder in die Tasche und sagte sanft: „Du bist wohl armer Leute Kind?"

„Sie wissen schon", sagte der Junge, „'s wird alles sauer verdient."

„So fang und lass dir flicken!" Damit warf er das Geldstück zu ihm hinauf. Der Junge griff zu, wandte es prüfend im Mondschein hin und wider und schob es schmunzelnd in die Tasche.

Draußen auf dem langen Steige, an dem der Apfelbaum in den Rabatten stand, wurden kleine Schritte vernehmlich und das Rauschen eines Kleides auf dem Sande. Der Jäger biss sich in die Lippen; er wollte den Jungen mit Gewalt herunterreißen; der aber zog sorgsam die Beine in die Höhe, eins ums andere; es war vergebene Mühe. „Hörst du nicht?", sagte er keuchend, „Du kannst nun gehen!"

„Freilich!", sagte der Junge, „wenn ich den Sack nur hätte!"

„Den Sack?"

„Er ist mir da vorher hinabgefallen."

„Was geht das mich an?"

„Nun, lieber Herr, Sie stehen just da unten!"
Der andere bückte sich nach dem Sack, hob ihn ein Stück vom Boden und ließ ihn wieder fallen.
„Werfen Sie dreist zu!", sagte der Junge, „ich werde schon fangen."
Der Jäger tat einen verzweifelnden Blick in den Baum hinauf, wo die dunkle, untersetzte Gestalt zwischen den Zweigen stand, sperrbeinig und bewegungslos. Als aber draußen die kleinen Schritte in kurzen Pausen immer näher kamen, trat er hastig auf den Steig hinaus.
Ehe er sich's versah, hing ein Mädchen an seinem Halse.
„Heinrich!"
„Um Gottes Willen!" Er hielt ihr den Mund zu und zeigte in den Baum hinauf. Sie sah ihn mit verdutzten Augen an; aber er achtete nicht darauf, sondern schob sie mit beiden Händen ins Gebüsch.
„Junge, vermaledeiter! – Aber dass du mir nicht wiederkommst!", und er erwischte den schweren Sack am Boden und hob ihn ächzend in den Baum hinauf.
„Ja, ja", sagte der Junge, indem er dem andern behutsam seine Bürde aus den Händen nahm, „das sind von den roten, die fallen ins Gewicht!" Hierauf zog er ein Endchen Bindfaden aus der Tasche und schnürte es eine Spanne oberhalb der Äpfel um den Sack, während er mit den Zähnen die Zipfel desselben angezogen hielt; dann lud er ihn auf seine Schulter, sorgsam und regelrecht, sodass die Last gleichmäßig auf Brust und Rücken verteilt wurde. Nachdem dieses

Geschäft zu seiner Zufriedenheit beendet war, fasste er einen ihm zu Häupten ragenden Ast und schüttelte ihn mit beiden Fäusten. „Diebe in den Äpfeln!", schrie er; und nach allen Seiten hin prasselten die reifen Früchte durch die Zweige.

Unter ihm rauschte es in den Büschen, eine Mädchenstimme kreischte, die Gartenpforte klirrte, und als der Junge noch einmal den Hals ausreckte, sah er soeben das kleine Fenster wieder zuklappen und den weißen Strumpf darin verschwinden.

Einen Augenblick später saß er rittlings auf der Gartenplanke und lugte den Weg entlang, wo sein neuer Bekannter mit langen Beinen in den Mondschein hinauslief. Dabei griff er in die Tasche, befingerte seine Silbermünze und lachte so ingrimmig in sich hinein, dass ihm die Äpfel auf dem Buckel tanzten. Endlich, als schon die ganze Hausgenossenschaft mit Stöcken und Laternen im Garten umherrannte, ließ er sich lautlos an der andern Seite hinuntergleiten und schlenderte über den Weg in den Nachbarsgarten, allwo er zu Haus war.

*Aus: Wenn die Äpfel reif sind*

### Abends

Warum duften die Levkojen so viel schöner bei der Nacht?
Warum brennen deine Lippen so viel röter bei der Nacht?
Warum ist in meinem Herzen so die Sehnsucht auferwacht,
Diese brennend roten Lippen dir zu küssen bei der Nacht?

## Bei der Obsternte

Es war im Nachsommer, als ich und meine Frau in den Garten gingen, um uns das Vergnügen einer kleinen Obsternte zu verschaffen. Der Augustapfelbaum, an den ich schon vorher eine Leiter hatte ansetzen lassen, befand sich dicht an der hohen Mauer, welche unseren Garten von dem des Jansen'schen Hauses trennte. Meine Frau stand mit einem Korbe in der Hand und blickte behaglich in das Gezweige über ihr, wo die roten Äpfel aus den Blättern lugten; ich selbst begann eben die Leiter hinaufzusteigen, als ich von der anderen Seite einen scharfen Steinwurf gegen die Mauer hörte, und gleich darauf unser dreifarbiger Kater mit einem Angstsatz von drüben zu uns herabsprang.
Neugierig über dieses Lebenszeichen aus dem Nachbargarten, von wo man sonst nur bei bewegter Luft die Blätter rauschen hörte, lief ich rasch die Leiter hinauf, bis ich hoch genug war, um in denselben hinabzusehen.
– Mir ist niemals so ellenlanges Unkraut vorgekommen! Von Blumen oder Gemüsebeeten, überhaupt von irgendeiner Gartenanlage war dort keine Spur zu sehen; alles schien sich selbst gesäet zu haben: Hoher Gartenmohn und in Saat geschossene Möhren wucherten durcheinander; in geilster Üppigkeit sproßte überall der Hundsschierling mit seinem dunklen Kraute. Aus diesem Wirrsal aber erhoben sich einzelne schwer mit Früchten beladene Obstbäume; und unter einem derselben stand eine fast winzige zusammenge-

krümmte Frauengestalt. Ihr schwarzes verschossenes Kleid war von einem Stoffe, den man damals Bombassin nannte; auf dem Kopfe trug sie einen italienischen Strohhut mit einer weißen Straußenfeder. Sie stand knietief in dem hohen Unkraut, und jetzt tauchte sie gänzlich in dasselbe unter, kam aber gleich darauf mit einem langen Obstpflücker wieder daraus zum Vorschein, den sie vermutlich bei dem Angriff auf meinen armen Kater von sich geworfen hatte. –
Obgleich sie das Ding nur mühsam zu regieren schien, stocherte sie doch emsig damit zwischen den Zweigen umher und brachte auch rasch genug eine Birne nach der anderen herunter, die sie dann scheinbar in das Unkraut, in Wirklichkeit aber wohl in ein darin verborgenes Gefäß mit einer gewissen feierlichen Sorgfalt niederlegte. [...]
– –Am anderen Morgen in der Frühe brachte eine alte Frau, voraussetzlich die bewusste Brotfrau, uns einen Korb voll Birnen und eine Empfehlung von Madame Jansen, der Herr Stadtsekretär möge doch einmal ihre Moule-Bouches probieren; sie hätten immer für besonders schön gegolten.
Wir waren sehr erstaunt; aber die Birnen waren köstlich.

*Aus: Im Nachbarhause links*

## Im Garten der Regentrude

So waren sie wieder eine Zeit lang fortgegangen, als das Mädchen plötzlich rief: „Was ist denn das? Wo sind wir denn? Das ist ja ein großer ungeheurer Garten!"
Und wirklich waren sie, ohne zu wissen wie, aus der einförmigen Weidenallee in einen großen Park gelangt. Aus der weiten, jetzt freilich versengten Rasenfläche erhoben sich überall Gruppen hoher prachtvoller Bäume. Zwar war ihr Laub zum Teil gefallen oder hing dürr oder schlaff an den Zweigen, aber der kühne Bau ihrer Äste strebte noch in den Himmel und die mächtigen Wurzeln griffen noch weit über die Erde hinaus. Eine Fülle von Blumen, wie die beiden sie nie zuvor gesehen, bedeckte hier und da den Boden; aber alle diese Blumen waren welk und düftelos und schienen mitten in der höchsten Blüte von der tödlichen Glut getroffen zu sein.
„Wir sind am rechten Orte, denk ich!", sagte Andrees.
Maren nickte. „Du musst nun hier zurückbleiben, bis ich wiederkomme."
„Freilich", erwiderte er, indem er sich in dem Schatten einer großen Eiche ausstreckte. „Das Übrige ist nun deine Sach! Halt nur das Sprüchlein fest und verred dich nicht dabei!" – –
So ging sie denn allein über den weiten Rasen und unter den himmelhohen Bäumen dahin, und bald sah der Zurückbleibende nichts mehr von ihr. Sie aber schritt weiter und wei-

ter durch die Einsamkeit. Bald hörten die Baumgruppen auf, und der Boden senkte sich. Sie erkannte wohl, dass sie in dem ausgetrockneten Bette eines Gewässers ging; weißer Sand und Kiesel bedeckten den Boden, dazwischen lagen tote Fische und blinkten mit ihren Silberschuppen in der Sonne. In der Mitte des Beckens sah sie einen grauen fremdartigen Vogel stehen; er schien ihr einem Reiher ähnlich zu sein, doch war er von solcher Größe, dass sein Kopf, wenn er ihn aufrichtete, über den eines Menschen hinwegragen musste; jetzt hatte er den langen Hals zwischen den Flügeln zurückgelegt und schien zu schlafen. Maren fürchtete sich. Außer dem regungslosen unheimlichen Vogel war kein lebendiges Wesen sichtbar, nicht einmal das Schwirren einer Fliege unterbrach hier die Stille; wie ein Entsetzen lag das Schweigen über diesem Orte. Einen Augenblick trieb sie die Angst, nach ihrem Geliebten zu rufen, aber sie wagte es wiederum nicht, denn den Laut ihrer eigenen Stimme in dieser Öde zu hören, dünkte sie noch schauerlicher als alles andere.

So richtete sie denn ihre Augen fest in die Ferne, wo sich wieder dichte Baumgruppen über den Boden zu erheben schienen, und schritt weiter, ohne rechts oder links zu sehen. Der große Vogel rührte sich nicht, als sie mit leisem Tritt an ihm vorüberging, nur für einen Augenblick blitzte es schwarz unter der weißen Augenhaut hervor. – Sie atmete auf. – Nachdem sie noch eine weite Strecke hingeschritten, verengte sich das Seebette zu der Rinne eines mäßigen Baches, der unter einer breiten Lindengruppe durchführte. Das Geäste dieser mächtigen Bäume war so dicht, dass ungeachtet des mangelhaften Laubes kein Sonnenstrahl hindurchdrang. Maren ging in dieser Rinne weiter; die plötzliche Kühle um sie her, das hohe dunkle Gewölbe der Wipfel über ihr; es schien ihr fast, als gehe sie durch eine Kirche. Plötzlich aber wurden ihre Augen von einem blendenden Lichte getroffen; die Bäume hörten auf und vor ihr erhob sich ein graues Gestein, auf das die grellste Sonne niederbrannte.

Maren selbst stand in einem leeren sandigen Becken, in welches sonst ein Wasserfall über die Felsen hinabgestürzt sein mochte, der dann unterhalb durch die Rinne seinen Abfluss in den jetzt verdunsteten See gehabt hatte. Sie suchte mit den Augen, wo wohl der Weg zwischen den Klippen hinaufführte. Plötzlich aber schrak sie zusammen. Denn das dort auf der halben Höhe des Absturzes konnte nicht zum Gestein gehören; wenn es auch ebenso grau war und starr wie dieses in der regungslosen Luft lag, so erkannte sie doch bald, dass es ein Gewand sei, welches in Falten eine ruhende Gestalt bedeckte. – Mit verhaltenem Atem stieg sie näher. Da sah sie es deutlich; es war eine schöne mächtige Frauengestalt. Der Kopf lag tief aufs Gestein zurückgesunken; die blonden Haare, die bis zur Hüfte hinabflossen, waren voller Staub und dürren Laubes.

*Aus: Die Regentrude*

## Ein Halliggarten

Und dort auf der hohen Werfte, inmitten der öden baumlosen Insel, lag das große Hallighaus mit dem tief hinabreichenden Strohdache […].

Als wir nach aufgehobener Tafel vor die Haustür traten, führte uns der Vetter unter bedeutungsvollem Schweigen am Hause entlang bis an die südwestliche Ecke desselben. Hier stieß er ein unter herabhängendem Holunder fast verborgenes Pförtchen auf; und, wie in ein Wunder, blickten wir in einen großen baumreichen Garten hinab, den an diesem Orte, bei der rings umgebenden Öde, wohl niemand hätte vermuten können. – Drunten, von der Insel aus dem Auge ganz verborgen, lag er in einer kesselförmigen Vertiefung der Werfte, an deren schräg abfallenden Wänden sich zwischen verschiedenartigen Obstbäumen eine Reihe üppiger Gemüsebeete entlangzog.

Von unten aus dem Grunde blinkte ein kleiner Teich, ringsum von einem hohen Ligusterzaun umschlossen. Auf dem daran entlangführenden Steige erschien eben, vom Hause hinabspazierend, eine weiße Katze; aber sie verschwand gleich darauf unter dem Schatten der Obstbäume, welche vom Garten aus ihr dichtes Gezweig über den Steig hinüberstreckten. Die blanken Blätter glänzten in dem sattesten Grün, als seien sie nie von einem gefräßigen Insekt berührt worden; nur freilich, wo die Kronen der Bäume den oberen Gartenrand erreichten, waren sie sämtlich wie mit der

Zaunschere abgeschoren, was nach des Vetters Erläuterung von dem Nordwestwinde ohne jegliche Bestellung ausgeführt wurde.

Die Aufmerksamkeit unserer „Maman" war durch eine Pumpe erregt worden, welche unweit des Eingangs in dem kleinen Teiche stand; und während der alte Herr, unter lebhaften Schlägen mit dem Schwengel, ihr die Speisung und Bedeutung dieses Süßwasserbehälters der Insel zu erklären begann, gingen Susanne und ich in das trauliche Gartennest hinab, wo der Sonnenschein wie eingefangen auf dem grünen Laube schlief. Wir schritten langsam der weißen Katze nach und verschwanden gleich ihr unter dem dichten Laube der Apfelbäume, das fast Susannens goldklares Haar berührte; um uns her schwamm der Duft von Federnelken und Rosen, die oben zwischen den Gemüsebeeten blühten. Unmerklich, wenn mich die Erinnerung nicht täuscht, waren wir in jenen träumerischen Zustand geraten, von dem in der Sommerstille, inmitten der webenden Natur, so leicht ein junges Paar beschlichen wird: Sie schweigen, und sie meinen fast zu reden; aber es ist nur das Getön des unsichtbar in Laub und Luft verbreiteten Lebens, nur das Hauchen der Sommerwinde, die den Staub der Blüten zueinander tragen.

*Aus: Eine Halligfahrt*

### Gedenkst du noch?   1857

Gedenkst du noch, wenn in der Frühlingsnacht
Aus unserm Kammerfenster wir hernieder
Zum Garten schauten, wo geheimnisvoll
Im Dunkel dufteten Jasmin und Flieder?
Der Sternenhimmel über uns so weit,
Und du so jung; – unmerklich geht die Zeit.

Wie still die Luft! Des Regenpfeifers Schrei
Scholl klar herüber von dem Meeresstrande;
Und über unsrer Bäume Wipfel sahn
Wir schweigend in die dämmerigen Lande.
Nun wird es wieder Frühling um uns her;
Nur eine Heimat haben wir nicht mehr.

Nun horch ich oft schlaflos in tiefer Nacht,
Ob nicht der Wind zur Rückfahrt möge wehen.
Wer in der Heimat erst sein Haus gebaut,
Der sollte nicht mehr in die Fremde gehen!
Nach drüben ist sein Auge stets gewandt;
Doch eines blieb, – wir gehen Hand in Hand.

*An Paul Heyse (2. Mai 1879)*
Ich seh ihn [den Sohn Hans], wie er, ein eigentümlicher Knabe, in einer einsamen Ecke des alten Gartens in der Dämmerung des Sommerabends still und sinnend zwischen den Bäumen umherging, und zu dem wohl schwer verständlichen Gedichte [Garten-Spuk] Veranlassung gab.

## Garten-Spuk

Daheim noch war es; spät am Nachmittag.
Im Steinhof unterm Laub des Eschenbaums
Ging schon der Zank der Sperlinge zur Ruh;
Ich, an der Hoftür, stand und lauschte noch,
Wie Laut um Laut sich mühte und entschlief.
Der Tag war aus; schon vom Levkojenbeet
Im Garten drüben kam der Abendduft;
Die Schatten fielen; bläulich im Gebüsch
Wie Nebel schwamm es. Träumend blieb ich stehn,
Gedankenlos, und sah den Steig hinab;
Und wieder sah ich – und ich irrte nicht –
Tief unten, wo im Grund der Birnbaum steht,
Langsam ein Kind im hohen Grase gehn;
Ein Knabe schien's, im grauen Kittelchen.
Ich kannt' es wohl; denn schon zum öftern Mal
Sah dort im Dämmer ich so holdes Bild;
Die Abendstille schien es herzubringen,

Doch nähertretend fand man es nicht mehr.
Nun ging es wieder, stand und ging umher,
Als freu es sich der Garteneinsamkeit. –
Ich aber, diesmal zu beschleichen es,
Ging leise durch den Hof und seitwärts dann
Im Schatten des Holunderzauns entlang,
Sorgsam die Schritte messend; einmal nur
Nach einer Erdbeerranke bückt' ich mich,
Die durch den Weg hinausgelaufen war.
Schon schlüpft' ich bei der Geißblattlaube durch;
Ein Schritt noch ums Gebüsch, so war ich dort,
Und mit den Händen musst' ich's greifen können.
Umsonst! – Als ich den letzten Schritt getan,
Da war es wieder wie hinweggetäuscht.
Still stand das Gras, und durch den grünen Raum
Flog surrend nur ein Abendschmetterling;
Auch an den Linden, an den Fliederbüschen,
Die ringsum standen, regte sich kein Blatt.
Nachsinnend schritt ich auf dem Rasen hin,
Und suchte töricht nach der Füßchen Spur
Und nach den Halmen, die ihr Tritt geknickt;
Dann endlich trat ich aus der Gartentür,
Um draußen auf dem Deich den schwülen Tag
Mit einem Gang im Abendwind zu schließen.
Doch als ich schon die Pforte zugedrückt,
Den Schlüssel abzog, fiel ein Sonnenriss,
Der in der Planke war, ins Auge mir;

Und fast unachtsam lugte ich hindurch.
Dort lag der Rasen, tief im Schatten schon;
Und sieh! Da war es wieder, unweit ging's,
Grasrispen hatt' es in die Hand gepflückt;
Ich sah es deutlich ... in sein blass' Gesichtchen
Fiel schlicht das Haar; die Augen sah man nicht;
Sie blickten erdwärts, gern, so schien's, betrachtend,
Was dort geschah; doch lächelte der Mund.
Und nun an einem Eichlein kniet' es hin,
Das spannenhoch kaum aus dem Grase sah,
– Vom Walde hatt' ich jüngst es heimgebracht –
Und legte sacht ein welkes Blatt beiseit,
Und strich liebkosend mit der Hand daran.
Darauf – kaum nur vermocht' ich's zu erkennen;
Denn Abend ward es – doch ich sah's genau;
Ein Käfer klomm den zarten Stamm hinauf,
Bis endlich er das höchste Blatt erreicht;
Er hatte wohl den heißen Tag verschlafen
Und rüstete sich nun zum Abendflug.
Rückwärts die Händchen ineinander legend,
Behutsam sah das Kind auf ihn herab.
Schon putzte er die Fühler, spannte schon
Die Flügeldecken aus; ein Weilchen, und
Nun flog er fort. Da nickt' es still ihm nach.
Ich aber dachte: „Rühre nicht daran!"
Hob leis die Stirn und ging den Weg hinab,
Den Garten lassend in so holder Hut.

Nicht merkt' ich, dass einsam die Wege wurden,
Dass feucht vom Meere strich die Abendluft;
Erfüllet ganz von süßem Heimgefühl,
Ging weit ich in die Dunkelheit hinaus.
Da fiel ein Stern; und plötzlich mahnt' es mich
Des Augenblicks, da ich das Haus verließ,
Die Hand entreißend einer zarteren,
Die drin im Flur mich festzuhalten strebte;
Denn schon selbander hausete ich dort. –
Nun ging ich raschen Schritts den Weg zurück;
Und als ich spät, da schon der Wächter rief,
Heimkehrend wieder durch den Garten schritt,
Hing stumm die Finsternis in Halm und Zweigen,
Die Kronen kaum der Bäume rauschten leis.
Vom Hause her nur, wo im Winkel dort
Der Nussbaum vor dem Kammerfenster steht,
Verstohlen durch die Zweige schien ein Licht.
Ein Weilchen noch, und sieh! ein Schatten fiel,
Ein Fenster klang und in die Nacht hinaus
Rief eine Stimme: „Bist du's?" – „Ja, ich bin's!"

Die Zeit vergeht; längst bin ich in der Fremde,
Und Fremde hausen, wo mein Erbe steht.
Doch bin ich einmal wieder dort gewesen,
Mir nicht zur Freude und den andern nicht.
Einmal auch in der Abenddämmerung
Geriet ich in den alten Gartenweg.

Da stand die Planke; wie vor Jahren schon,
Hing noch der Linden schön Gezweig herab;
Von drüben kam Resedaduft geweht,
Und Dämmrungsfalter flogen durch die Luft.
Ging's noch so hold dort in der Abendstunde? –
Fest und verschlossen stand die Gartentür;
Dahinter stumm lag die vergangne Zeit.
Ausstreckt' ich meine Arme; denn mir war,
Als sei im Rasen dort mein Herz versenkt. –
Da fiel mein Aug auf jenen Sonnenriss,
Der noch, wie eh'mals, ließ die Durchsicht frei.
Schon hatt' ich zögernd einen Schritt getan;
Noch einmal blicken wollt' ich in den Raum,
Darin ich sonst so festen Fußes ging.
Nicht weiter kam ich. Siedend stieg mein Blut,
Mein Aug ward dunkel; Grimm und Heimweh stritten
Sich um mein Herz; und endlich, leidbezwungen,
Ging ich vorüber. Ich vermocht' es nicht.

## Ein Wiedersehen

Reinhardt wurde nachdenklich; der Atem schien ihm schwer zu werden, je näher sie dem Hofe kamen. An der linken Seite des Weges hörten nun auch die Weingärten auf und machten einem weitläuftigen Küchengarten Platz, der sich bis fast an das Ufer des Sees hinabzog. Der Storch hatte sich mittlerweile niedergelassen und spazierte gravitätisch zwischen den Gemüsebeeten umher. „Holla!", rief Erich, in die Hände klatschend, „stiehlt mir der hochbeinige Ägypter schon wieder meine kurzen Erbsenstangen!" Der Vogel erhob sich langsam und flog auf das Dach eines neuen Gebäudes, das am Ende des Küchengartens lag und dessen Mauern mit aufgebundenen Pfirsich- und Aprikosenbäumen überzweigt waren. „Das ist die Spritfabrik", sagte Erich; „ich habe sie erst vor zwei Jahren angelegt. Die Wirtschaftsgebäude hat mein Vater selig neu aufsetzen lassen; das Wohnhaus ist schon von meinem Großvater gebaut worden. So kommt man immer ein bisschen weiter."

Sie waren bei diesen Worten auf einen geräumigen Platz gekommen, der an den Seiten durch die ländlichen Wirtschaftsgebäude, im Hintergrunde durch das Herrenhaus begrenzt wurde, an dessen beide Flügel sich eine hohe Gartenmauer anschloss; hinter dieser sah man die Züge dunkler Taxuswände, und hin und wieder ließen Syringenbäume ihre blühenden Zweige in den Hofraum hinunterhängen. Männer mit sonnen- und arbeitsheißen Gesichtern gingen

über den Platz und grüßten die Freunde, während Erich dem einen und dem andern einen Auftrag oder eine Frage über ihr Tagewerk entgegenrief. – Dann hatten sie das Haus erreicht. Ein hoher, kühler Hausflur nahm sie auf, an dessen Ende sie links in einen etwas dunkleren Seitengang einbogen. Hier öffnete Erich eine Tür und sie traten in einen geräumigen Gartensaal, der durch das Laubgedränge, welches die gegenüberliegenden Fenster bedeckte, zu beiden Seiten mit grüner Dämmerung erfüllt war; zwischen diesen aber ließen zwei hohe, weit geöffnete Flügeltüren den vollen Glanz der Frühlingssonne hereinfallen und gewährten die Aussicht in einen Garten mit gezirkelten Blumenbeeten und hohen steilen Laubwänden, geteilt durch einen graden breiten Gang, durch welchen man auf den See und weiter auf die gegenüberliegenden Wälder hinaussah. Als die Freunde hineintraten, trug die Zugluft ihnen einen Strom von Duft entgegen.

Auf einer Terrasse vor der Gartentür saß eine weiße, mädchenhafte Frauengestalt. Sie stand auf und ging den Eintretenden entgegen; aber auf halbem Wege blieb sie wie angewurzelt stehen und starrte den Fremden unbeweglich an. Er streckte ihr lächelnd die Hand entgegen. „Reinhardt!", rief sie, „Reinhardt! Mein Gott, du bist es! – Wir haben uns lange nicht gesehen."

*Aus: Immensee*

## Der Schlosspark

An dem linken Ende der Front neben dem stumpfen Eckturme führte eine schwere Tür ins Haus. Rechts hinab, an der gegenüberliegenden breiten Treppenflucht vorbei, auf welcher man in das obere Stockwerk gelangte, zog sich ein langer Korridor mit nackten weißen Wänden. Den hohen Fenstern gegenüber, welche auf den geräumigen Steinhof hinaussahen, lag eine Reihe von Zimmern, deren Türen jetzt verschlossen waren. Nur das letzte wurde noch bewohnt. Es war ein mäßig großes, düsteres Gemach; das einzige Fenster, welches nach der Gartenseite hinaus lag, war mit dunkelgrünen Gardinen von schwerem Wollenstoffe halb verhangen. In der tiefen Fensternische stand eine schlanke Frau in schwarzem Seidenkleide. Während sie mit der einen Hand den Schildpattkamm fester in die schwere Flechte ihres schwarzen Haares drückte, lehnte sie mit der Stirn an eine Glasscheibe und schaute wie träumend in den Septembernachmittag hinaus. Vor dem Fenster lag ein etwa zwanzig Schritte breiter Steinhof, welcher den Garten von dem Hause trennte. Ihre tiefblauen Augen, über denen sich ein Paar dunkle, dicht zusammenstehende Brauen wölbten, ruhten eine Weile auf den kolossalen Sandsteinvasen, welche ihr gegenüber auf den Säulen des Gartentores standen. Zwischen den steinernen Rosengirlanden, womit sie umwunden waren, ragten Federn und Strohhalme hervor. Ein Sperling, der darin sein Nest gebaut haben mochte, hüpfte heraus und setzte sich auf eine Stange des eisernen Gittertors; bald aber breitete er die Flügel aus und flog den schattigen Steig entlang, der zwischen hohen Hagebuchenwänden in den Garten hinabführte. Hundert Schritte etwa von dem Tore wurde dieser Laubgang durch einen weiten sonnigen Platz unterbrochen, in dessen Mitte zwischen wuchernden Astern und Reseda die Trümmer einer Sonnenuhr auf einem kleinen Postamente sichtbar waren. Die Augen der Frau folgten dem Vogel; sie sah ihn eine Weile auf dem metallenen Weiser ruhen; dann sah sie ihn auffliegen und in dem Schatten des dahinterliegenden Laubganges verschwinden. [...]

Die Luft war erfüllt von dem starken Herbstdufte der Reseda, welcher sich von dem sonnigen Rondell aus über den ganzen Garten hin verbreitete. Hier, an der rechten Seite desselben, bildete die Fortsetzung des Buchenganges eine Nachahmung des Herrenhauses; die ganze Front mit allen dazugehörigen Tür- und Fensteröffnungen, das Erdgeschoss und das obere Stockwerk, sogar der stumpfe Turm neben dem Haupteingange, alles war aus der grünen Hecke herausgeschnitten und trotz der jahrelangen Vernachlässigung noch gar wohl erkennbar; davor breitete sich ein Obstgarten von lauter Zwergbäumen aus, an denen hie und da noch ein Apfel oder eine Birne hing. Nur ein Baum schien aus der Art geschlagen; denn er streckte seine vielverzweigten Äste weit über die Höhe des grünen Laubschlosses hinaus.

*Aus: Im Schloss*

## Das Marmorbild

Es war nachmittags am letzten Juni, als ich aus der Sonnenhitze des offenen Weges in den Schatten der Kastanienallee hineinfuhr, die zum Hofe hinaufführt; und bald hielt auch der Wagen vor einem schlossartigen Gebäude, das in dem sogenannten Kommodenstil erbaut und mit einem Schwulst von Ornamenten überladen war, aber dennoch in seinen hervorspringenden Profilen und in den tiefe Schatten werfenden Reliefs einen Eindruck großartiger verschollener Pracht auf mich hervorrief. Auf der Treppe empfingen mich Hans und seine Grethe. Als wir durch den geräumigen Flur gingen, erhielt ich die Weisung, leise zu sprechen; denn unsere Mutter hielt noch ihre Mittagsruhe.

Wir waren der Haustür gegenüber in einen großen hellen Saal getreten. Zwei offene Flügeltüren führten auf eine Terrasse; unterhalb dieser breitete sich ein Rasen aus von solchem Umfange, dass von allen Seiten wohl nur ein lauter Ruf herüberreichen mochte. Überall in der grünen Fläche zeigten sich üppige Gruppen hochstämmiger und niedriger Rosen, die eben jetzt in voller Blüte standen und die Luft mit Wohlgerüchen erfüllten. Dahinter war eine Gebüschpartie, die wie die Rasenanlage offenbar aus neuer Zeit stammte; jenseit derselben, aber schon in ziemlich weiter Ferne, erhob sich in der ganzen Breite des Gartens der „Lusthain" des ursprünglichen Begründers mit seinen

steilen Laubwänden und regelrechten Einschnitten. Alles dies lag im Glanz der Nachmittagssonne vor mir.

„Was sagst du zu unserm Paradiese?", fragte die junge Frau.

„Was ich sage, Grethe? – Wie lange hat denn dein Mann das Gut?"

„Ich denke, seit letzten Mai zwei Jahre."

„Und dieser praktische Landwirt duldet eine solche Raumverschwendung?"

„Ei was, tu nur nicht, als wenn du die Poesie allein gepachtet hättest!"

Mein Bruder lachte. „Aber Recht hat er, Grethe! – Die Sache ist die, Alfred; ich darf mich nicht an diesen Herrlichkeiten vergreifen; das ist kontraktlich festgemacht."

„Gott sei gedankt!"

„Von mir nicht. – Inmitten eines kleinen Wasserspiegels steht dort noch eine Venus im reinsten Stile Louis Quinze; ich hätte sie schon für schweres Geld verkaufen können; aber – wie gesagt!"

In diesem Augenblick hatte Grethe meine Hand erfasst. „Sieh dich um!", rief sie.

Und auf der Türschwelle mir gegenüber stand im weißen Sommerkleide eine Mädchengestalt, die ich nicht verkennen konnte. Das waren noch die fremdartigen Augen der westindischen Pflanzertochter; aber das schwarze, einst so widerspenstige Haar lag jetzt in einem glänzenden Knoten gefesselt, der fast zu schwer schien für den zarten Nacken.

Ich ging ihr entgegen; aber ehe ich den Mund noch aufgetan, war meine heitere Schwägerin schon zwischen uns getreten. „Haltet einen Augenblick!", rief sie. „Ich sehe schon das ‚Sie' und ‚Fräulein Jenni' und alle unmöglichen Titel auf euern Lippen sitzen; und das stört mich in meinen Familiengefühlen. Darum besinnt euch erst einmal auf den alten Birnbaum!"

Die eine Hand legte Jenni der Freundin auf den Mund, die andere streckte sie mir entgegen. „Willkommen, Alfred!", sagte sie. [...]

Den Vormittag hatte ich auf dem Zimmer meiner Mutter in stillem Austausch von Gedanken und Zukunftsplänen zugebracht; am Nachmittag war ich mit meinem Bruder auf die Felder, nach seinen Wiesen, Heiden und Mergelgruben gegangen; dann hatte Grethe mir ihre lustige Verlobungsgeschichte erzählt; aber je mehr der Abend dunkelte, desto mehr verlor ich die Ruhe, den Worten meiner Freunde zuzuhören. – Als meine Mutter in ihr Schlafzimmer gegangen war, lehnte ich in der offenen Gartentür, wo ich gestern neben Jenni gestanden hatte; und wieder sah ich über den Rasen weg jenseit des Bosketts die ferne Buchenwand des Lusthains in dem bläulichen Duft der Mondscheinbeleuchtung. Durch Zufall war ich immer noch nicht hineingekommen; jetzt aber lockten mich noch mehr als gestern die tiefen Schatten, durch welche sich die Eingänge kenntlich machten. Mir war, als müsse in jenem Labyrinth von Laub und Schatten das süßeste Geheimnis der Sommernacht verborgen sein. Ich sah

in den Saal zurück, ob mich jemand bemerkte; dann stieg ich leise von der Terrasse in den Garten hinab. Der Mond war eben hinter den Kronen der Eichen und Kastanien heraufgestiegen, welche denselben nach Osten hin begrenzten. Ich ging an dieser Seite, die noch ganz im Schatten lag, um den Rasen; eine Rose, die ich im Vorübergehen brach, war schon feucht von Tau. Dem Hause gegenüber gelangte ich in das Boskett. Breite Steige schlangen sich scheinbar regellos zwischen Gebüschen und kleineren Rasenpartien; hier und dort leuchtete noch ein Jasmin mit seinen weißen Blüten aus dem Dunkel. Nach einer Weile trat ich auf einen sehr breiten, quer vor mir liegenden Weg hinaus, jenseit dessen sich majestätisch und hell vom Mond beleuchtet die Laubwände der alten Gartenkunst erhoben. Ich stand einen Augenblick und sah daran empor; ich konnte jedes Blatt erkennen; mitunter schwirrte über mir ein großer Käfer oder ein Schmetterling aus dem Laubgewirr in die lichte Nacht hinaus. Mir gegenüber führte ein Gang in das Innere; ob es derselbe war, dessen Dunkel mich zuvor von der Terrasse aus gelockt, konnte ich nicht entscheiden; denn das Gebüsch verwehrte mir den Rückblick nach dem Herrenhause.

Auf diesen Steigen, die ich nun betrat, war eine Einsamkeit, die mich auf Augenblicke mit einer traumhaften Angst erfüllte, als würde ich den Rückweg nicht zu finden wissen. Die Laubwände an beiden Seiten standen so dicht und waren so hoch, dass ich nur wie abgeschnitten ein Stückchen Himmel über mir erblickte. Wenn ich, wo sich zwei Gänge kreuzten, auf einen etwas freieren Platz gelangte, so war mir immer, als müsse aus dem Schatten des gegenüberliegenden Ganges eine gepuderte Schöne in Reifrock und Kontusche am Arm eines Stutzers von anno 1750 in den Mondschein heraustreten. Aber es blieb alles still; nur mitunter hauchte die Nachtluft wie ein Atemzug durch die Blätter.

Nach einigen Kreuz- und Quergängen befand ich mich an dem Rande eines Wassers, das von meinem Standort aus etwa hundert Schritte lang und vielleicht halb so breit sein mochte und von den es an allen Seiten umgebenden Laubwänden nur durch einen breiten Steig und einzelne am Ufer stehende Bäume getrennt war. Weiße Teichrosen schimmerten überall auf der schwarzen Tiefe; zwischen ihnen aber in der Mitte des Bassins auf einem Postamente, das sich nur eben über dem Wasser erhob, stand einsam und schweigend das Marmorbild der Venus. Eine lautlose Stille war an diesem Platze. Ich ging an dem Ufer entlang, bis ich dem Kunstwerke so nahe als möglich gegenüberstand. Es war offenbar eine der schönsten Statuen aus der Zeit Louis Quinze. Den einen der nackten Füße hatte sie ausgestreckt, sodass er wie zum Hinabtauchen in die Flut nur eben über dem Wasser schwebte; die eine Hand stützte sich auf ein Felsstück, während die andere das schon gelöste Gewand über der Brust zusammenhielt. Das Antlitz vermochte ich von hier aus nicht zu sehen; denn sie hatte den Kopf zurückgewandt, als wolle sie sich vor unberufenen Lauschern sichern, ehe sie den enthüllten Leib den Wellen anvertraue.

Der Ausdruck der Bewegung war von so täuschendem Leben und dabei, während sich der untere Teil der Gestalt im Schatten befand, spielte das Mondlicht so weich und leuchtend um die marmorne Schulter, dass mir in der Tat war, als hätte ich mich in das Innerste eines verbotenen Heiligtums eingeschlichen. Hinter mir an der Laubwand stand eine Holzbank. Von hier aus betrachtete ich noch lange das schöne Bild; und – ich weiß nicht, war es eine Ähnlichkeit in der Bewegung, oder war es nur die Stimmung, in die ich durch den Anblick der Schönheit versetzt wurde, ich musste im Hinschauen immer an Jenni denken.

Endlich stand ich auf und irrte wiederum aufs Geratewohl eine Zeitlang in den dunkeln Gängen umher. Unweit des Teiches, den ich eben verlassen, fand ich an einem mit niedrigem Gebüsch bewachsenen Platze auf marmornem Sockel noch den Überrest einer zweiten Statue. Es war ein muskulöser Männerfuß, der sehr wohl einem Polyphem gehört haben konnte; und so hatte der Vetter Philologe vielleicht nicht Unrecht, der jenes Marmorbild für eine Galathea erklärt haben sollte, die vor der Eifersucht des ungeschlachten Göttersohns ins Meer entflieht.

Der Kunstmensch wurde in mir lebendig. Ob Galathea oder Venus – es reizte mich, selbst diese Frage zu entscheiden; und so wollte ich noch einmal zurück, um weniger träumerisch als vorhin zu betrachten. Aber so manchen Weg ich auch einschlug, es wollte mir nicht gelingen, den Teich wieder zu erreichen; endlich, da ich aus einem Seitenweg in ei-

nen breiten Laubgang einbog, sah ich am Ende desselben das Wasser glitzern, und bald meinte ich auch an derselben Stelle zu stehen, wo ich das erste Mal an das Ufer getreten war. Es war seltsam, dass ich den Ort so hatte verfehlen können. Aber ich traute meinen Augen kaum; dort in der Mitte erhob sich zwar noch das Postament über dem Wasser; auch die Teichrosen schimmerten nach wie vor auf der schwarzen Tiefe; aber das Marmorbild, das dort gestanden, war verschwunden. Ich begriff das nicht und starrte eine ganze Weile nach dem leeren Fleck. Als ich der Länge nach über den Teich hinblickte, sah ich drüben am jenseitigen Ufer im Schatten der hohen Baumwand eine weiße Frauengestalt. Sie lehnte an einem Baume, der neben dem Wasser stand, und schien in die Tiefe hinabzublicken. Und jetzt musste sie sich bewegt haben; denn, während sie noch eben ganz im Schatten gewesen, spielte nun das Mondlicht auf ihrem weißen Gewande. – Was war das? Machten die alten Götter die Runde? Es war wohl eine Nacht dazu. Im Wasser zwischen den weißen Blumen spiegelten sich die Sterne; im Laube rieselte der Tau von Blatt zu Blatt; mitunter von den am Ufer stehenden Bäumen fiel ein Tropfen in den Teich, dass es einen leisen Klang gab; vom Garten her, wie aus weiter Ferne, schlug die Nachtigall. Ich ging an der Schattenseite um den Teich herum. Als ich mich näherte, erhob die Gestalt den Kopf, und Jennis schönes blasses Antlitz wandte sich mir entgegen.

*Aus: Von Jenseit des Meeres*

**August**

Inserat
Die verehrlichen Jungen, welche heuer
Meine Äpfel und Birnen zu stehlen gedenken,
Ersuche ich höflichst, bei diesem Vergnügen
Womöglich insoweit sich zu beschränken,
Dass sie daneben auf den Beeten
Mir die Wurzeln und Erbsen nicht zertreten.

**Herbst**

Und sind die Blumen abgeblüht,
So brecht der Äpfel goldne Bälle;
Hin ist die Zeit der Schwärmerei,
So schätzt nun endlich das Reelle!

## Wir saßen vor der Sonne

Wir saßen vor der Sonne
Geschützt im schattig Grünen;
Du hieltest in den Händen
Die Blüte der Jasminen.

Du schautest vor dir nieder
Stumm lächelnd auf die Steige;
Dann warfst du mir hinüber
Das blühende Gezweige.

Drei Jahre sind vergangen,
Seit dieses mir geschehen.
So lang hab ich die Blume
Statt deiner nur gesehen? –

Nun send ich dir zurücke,
Die ich so lang besessen.
Du mögest an der welken
Die lange Zeit ermessen.

Nun blühen die Büsche wieder,
Es drängt sich Dolde an Dolde.
Ich will keine Blätter und Blumen.
Dich selber will ich, du Holde.

## An Constanze Esmarch

*Freitag, den 26. November abends gegen 8 Uhr   Husum 1845*
Ich hab heute viel im Garten gewirtschaftet und die ganze Anlage fertig gemacht, wovon L[orenzen] vielleicht eine Zeichnung für Dich anlegen wird. Es wird lauter Rasen mit Gebüsch; wir können dann einige Einschnitte zu Blumen machen; zwei Plätze zu Bänken habe ich auch eingerichtet, den einen gradaus von den Saalfenstern, von denen das linker Hand zu einer Gartentür durchgebrochen werden soll, am Ende der Partie zwischen zwei Birnbäumen, wo ich fünf Spalierlinden (circa 5 ½ Fuß hoch) und dahinter wieder Gebüsch, damit es recht dicht werde, so gepflanzt habe, dass man Tisch und Bank dahin stellen kann. An der linken Seite steht viel Flieder und Stachelbeerngebüsch, das ich stehn lasse, damit die Planke zu Nachbar Selks Garten hübsch verdeckt und keine Communion da ist. In dem Halbenmond, wo die Punkte sind, stehen zwei kleine (1 ½ F.) hohe Tannen, außerdem sind noch zwei große angebracht, in dem Halbrondell vor den Saalfenstern steht die hochstämmige Zentifolie von Vater. Kaup hat mir auf meine Bitte heut allerlei Gebüsch geschickt, namentlich von den rotblühenden amerikanischen Himbeern, die ich sehr liebe. Sie blühen hübsch, haben hübsches Laub und außerdem einen süßen sommerlichen poetischen Waldgeruch. Diese Anlage nimmt reichlich das untere linke Viertel des Gartens ein, das rechte untere nach dem Totengang hin soll mit Erdbee-

ren bepflanzt werden, zwischen beide habe ich einen dichten Zaun gewöhnlicher Himbeern ziehen lassen, damit die kleine englische Anlage so eine Art Garten für sich bilde. Die beiden obern kleineren Viertel sind zu Gemüse bestimmt. Otto hat mir heut Nachmittag so eifrig dabei geholfen, dass er erst mit Dunkelwerden auf sein Comtoir ging. L. hatte erst eine Anlage gemacht, die aber viel zu steif war; ich hab diese aus dem Stegreif gemacht und er hat sich selbst für überwunden erklärt; auch Mile fand alles sehr schön. Was sagt mein Dange denn dazu? Macht es ihr Spaß, dass ich ihr alles so genau beschreibe? – Weißt Du, Du bist recht lebhaft heut Nachmittag bei mir im Garten gewesen. Ich war etwas in der Zeit voraus; der Rasen war schon grün, die Büsche blühten, warmes duftiges Sommerwetter – da wars mir immer, als hört ich Dein fröhliches Lachen, als kämst Du aus dem Hause zu mir heraus – „O nein Du!", hört ich Dich immer; ich habe lange so deutlich nicht den Ton Deiner geliebten Stimme gehört.

**Ein neues Fiedel-Lied**

In den Garten eingestiegen
Wär ich nun mit gutem Glück –
Wie die Fledermäuse fliegen!
Langsam weicht die Nacht zurück.

Doch indes am Feldessaume
Drüben kaum Aurora glimmt,
Hab ich unterm Lindenbaume
Hier die Fiedel schon gestimmt.

Sieh, dein Kammerfenster blinket
In dem ersten Morgenstrahl;
Heller wird's, die Nacht versinket;
Horch! da schlug die Nachtigall!

Schlaf nicht mehr! Die Morgenlüfte
Rütteln schon an deiner Tür;
Rings erwacht sind Klang und Düfte,
Und mein Herz verlangt nach dir.

Zu des Gartens Schattendüster
Komm herab, geliebtes Kind!
Nur im Laub ein leis' Geflüster, –
Und verschwiegen ist der Wind.

# Nachwort

Der Dichter und Jurist Theodor Storm war, dank seines genauen Beobachtungsvermögens, ein ausgezeichneter Zeitzeuge für viele Lebensbereiche im Schleswig-Holstein des 19. Jahrhunderts, so auch für die Gartenkunst. Daher durchziehen, wie ein blühender Faden, unzählige Gartendarstellungen seine Gedichte und Novellen – aber auch seine zahlreichen Briefe, die in großem Umfang erhalten sind. Hierin beschreibt er liebevoll altertümlich gestaltete Gärten, die heute leider zumeist verschwunden sind.

Der Gartenfreund Theodor Storm konnte sich eine Existenz ohne eine kleine grüne Insel, als Zentrum des sommerlichen Familienlebens, gar nicht so recht vorstellen. In seiner gartenlosen Zeit, als er und seine große Familie von Ende 1853 bis Anfang 1864 im politisch bedingten, preußischen Exil Mietwohnungen in Potsdam und Heiligenstadt nutzen mussten, fühlte er sich sehr eingeengt.

So schreibt er am 6. Juni 1858 an den Berliner Freund und Schriftsteller Ludwig Pietsch (1824–1911) aus Heiligenstadt:

„Wie sehne ich mich jetzt, in unsrem gartenlosen Quartier, nach unserer alten Heimat, wo der kühle feuchte Garten vor den Fenstern des großen Saals lag, den wir im Sommer bewohnten."

Und dem Berliner Kunsthistoriker und Schriftsteller Friedrich Eggers (1844–1872) gegenüber klagt er am 8. Juli 1857: „Was mir jetzt vor allem fehlt, ist ein Garten hinterm Hause; ich kann sagen, ich lebe nicht, weil ich den nicht habe. Ich war in meiner Heimat als Knabe und später bis zur Auswandrung gewohnt, den Sommer über ganz im Garten zu leben, jeden lieben Gedanken dort auszuspinnen, für jede Schwierigkeit der Arbeit mir dort die Lösung zu suchen; nur im Notfall, zum unabwendbaren Schreiben saß ich im Zimmer; das Drückende eines Sommertags habe ich dort niemals empfunden. Die grünen Schatten waren immer bereit, mich aufzunehmen.

Ebenso ist es mit meiner Frau. Nun verkümmern wir noch immer ebenso wie in Potsdam in den heißen Zimmern, aus denen man sich höchstens durch einen Spaziergang retten kann [...], ein Garten aber ist eine Erweiterung des Hauses."

Schon in seinen Kindertagen bezauberten ihn alte Familiengärten: So erlebte der kleine Theodor bei seinem Großvater, dem Erbpachtmüller Hans Storm (1739–1820) in Westermühlen, ein Wald- und Mühlenidyll. Neben einem Immenhof befand sich hier ein heute leider verschwundener altertümlicher Garten „voll von Obstbäumen, Zentifolien und Lavendel". Zentifolien sind eine alte, intensiv duftende Abart der Gallica-Rose, die auf eine 2000-jährige Pflanzkultur zurückgeht. Sie ist in vielen Briefen Storms sowie in zahlreichen seiner Novellen zu finden, wie z. B. in „Späte Rosen" oder „Viola tricolor". Zu gerne verbrachte der Dichter in jedem Stadium seines Lebens, bis zum Verkauf des alten, noch heute bestehenden Familienhauses in der Husumer Hohlen Gasse Nr. 3 Mußestunden in dem damals hinter dem Hause gelegenen Garten. Dieser war – noch in einem späten Rokokostil – mit gestutzten Buchsbaumhecken, Muschelwegen und unzähligen altertümlichen Blumen bestückt.

Hierin befand sich eine Lindenlaube, in der er viele sommerliche Stunden verträumte, sowie eine Gartenflora, eine hölzerne Statue, welche die Göttin der Fruchtbarkeit darstellte. Man schenkte sie später dem alternden Dichter für seinen Garten in Hademarschen, wo sie allerdings verkam. Auch eine Schaukel, einst Lieblingsplatz seiner Tante Elsabe (1795–1873), war auf dem Grundstück vorhanden, das durch die Heirat seiner Großeltern, des Kaufmanns Simon Woldsen (1754–1820) und seiner Ehefrau Magdalena, geb. Feddersen (1766–1854) in die Familie kam.

Ein weiterer Garten, an den sich Storms Kindheitserinnerungen knüpfen, war das Grundstück seiner Urgroßmutter Elsabe Feddersen, geb. Thomsen (1741–1829), die, seit 1801 verwitwet, an der Husumer Schiffbrücke Nr. 16/Ecke Twiete ein hohes altertümliches Haus bewohnte und einen Garten, unweit davon, an der Husumer Au, mit einem über dem Gewässer gebauten Pavillon besaß.

Dieser lag hinter den Brennerei- und Brauereigebäuden seines Ur-Urgroßvaters Berend Feddersen (1705–1762) und war durch die Betriebsgebäude zur Straße hin abgeschlossen. Storm lässt ihn in dem Dreizeiler über die Muskathyazinthen, heute Perlhyazinthen genannt (hyacinthus muscari), als einen weltabgeschiedenen, versunkenen Ort wieder aufleben und hat ihn damit unsterblich gemacht. Auch in der Erzählung „Im Sonnenschein" beschreibt er diesen mit Rokokorelikten versehenen Garten, wenn er von einem „hölzernen Lusthäuschen, das auf Pfählen über den unterhalb des Gartens vorüberströmenden Fluss hinaus gebaut war", sowie einem „Zitronenbirnbaum" berichtet. Doch auch Impressionen an den formal gestalteten Park hinter dem Schlösschen „Sanssouci" in Potsdam, wo er über zweieinhalb Jahre mit seiner Familie lebte, klingen an, wenn er von „Buchsbaumarabesken", die mit bunten Porzellanscherben und Glaskorallenschnüren farbig gefüllt sind, erzählt. In einem Brief an seine Mutter Lucie Storm, geb. Woldsen (1797–1879) vom 17. Dezember 1854 aus Potsdam heißt es hierzu: „Ich habe es mir diesen Sommer auf meinen Mittagsspaziergängen bienenartig zusammengelesen, namentlich in Sanssouci, wo vor der Gemäldegalerie noch die alten Buchsbaumschnörkel der Rokokozeit schimmern und duften."

In geradezu verschwenderischer Fülle finden sich in Storms literarischem Werk die Blumen seiner Husumer Heimat aus den altertümlichen Gärten, wie „Caprifolie" (Geißblatt), „Provinzrose" (wohl Provence- oder Champagneröschen, eine sehr alte Rosenart), Immortelle (Strohblume), Maiglöckchen, Jungfernrebe (wilder Wein), Alant, Marienblatt, Syringe (spanischer Flieder), Aurikel, Flatterrose (Pfingstrose), Nelke, Veilchen, Eppich (Efeu), Liguster, Flieder (ursprünglich nur Holunder), Volkameria, Hagerose (Heckenrose), Stiefmütterchen, Levkoje, Moosrose, Verbene, Reseda, Aster, Georgine (Dahlie) u. a. mehr.

Anfangs hatte die Urgroßmutter Feddersen noch einen kleinen Garten hinter dem Hause Schiffbrücke/Ecke Twiete. Dieser wich jedoch dann der Bebauung durch ein Hinterhaus, das erst 1993 abgerissen wurde. In der Novelle „Carsten Curator" taucht dieses Gartenstück ebenso noch einmal auf wie in „Im Saal", während in der Novelle „Immensee", die den Dichter berühmt machte, schon dieses Hinterhaus beschrieben wird.

Mit einem weiteren Garten aus der Familiengeschichte macht Storm in der Novelle „Die Söhne des Senators" bekannt. Das Vorbild für den Garten – das Streitobjekt zwischen zwei Brüdern – befand sich tatsächlich in einiger Entfernung von dem Hause des Urgroßvaters Friedrich Woldsen (1725–1811), der in der Hohlen Gasse Nr. 8 schräg gegenüber dem Großeltern- und Elternhause des Dichters ansässig gewesen war. Das Haus besteht heute noch, wenn auch in der Vorderfront stark verändert. Wie in den meisten Städten in den vergangenen Jahrhunderten üblich, besaßen die Bürger, die über eigene Häuser im Zentrum des Gemeinwesens verfügten, zumeist ihre Gärten nicht direkt am Wohnhaus, sondern mehr in Stadtrandlage. Der Garten hinter dem Elternhaus mit den angrenzenden Nebengebäuden war daher ein Privileg, dessen sich Storm durchaus bewusst war. Der Woldsensche Garten hingegen lag zwischen der heutigen Nordbahnhofstraße und dem Neustädter Friedhof. Storm beschreibt ihn in poetischer Breite, wobei es fraglich ist, ob er ihn noch in diesem Zustand gekannt hat oder sich insoweit auf die Familienüberlieferung verlassen musste:

Auch hier sind die Wege mit weißen Muscheln bestreut, eine über lange Zeit in Nordfriesland verbreitete liebenswürdige Sitte. Auch hier blühen „Provinzrosen". In den Beeten wachsen Ranunkeln und Levkojen. Büsche mit großen roten Stachelbeeren und junge Obstbäume, die unter anderem Eierpflaumen tragen, füllen die Rabatten. Ein mit niedrigem Buchsbaum eingefasster Steig führt zu einem „im Zopfstil erbauten Pavillon", in dem die Familie des Sommers bei geöffneten Flügeltüren Kaffee trinkt, während auf einer Stange ein grüner Papagei sitzt.

Storm selbst war ein begeisterter Gärtner. Die Fülle seiner Briefe aus der Verlobungszeit an die Segeberger Braut und Kusine Constanze Esmarch (1825–1865) künden von seiner Kreativität, als es um die Gestaltung des Gartens hinter dem alten Doppelhaus in der Neustadt Nr. 56 in Husum ging. Relikte hiervon bestehen heute noch. Nach seiner Rückkehr in die Heimat im Jahre 1864 überließ er jedoch, wohl aus beruflichen Gründen, die Gestaltung der Gärten fremden Hilfskräften, und zwar sowohl bei dem heute noch bestehenden, aber nicht allgemein zugänglichen Garten hinter dem Hause Süderstraße Nr. 12, dem liebevoll, möglichst original rekonstruierten Garten neben dem Hause Wasserreihe Nr. 31 und dem riesigen Garten in Hademarschen, der einen großen Anteil von Gemüsebeeten enthielt.

Vielleicht sind Storms blühende Hinweise für manchen Leser Veranlassung, einen Garten mit ähnlichen, teilweise heute altertümlichen Blumen und Büschen anzulegen, Buchsbaumeinfassungen zu pflanzen und einen Pavillon oder eine Geißblattlaube zu errichten. Dann wird der honigsüße Duft des cremig-weißen „Jelängerjelieber" (Geißblatt) sich mit dem von mattblauem Lavendel und alten zartfarbenen Rosen mischen und den Leser hineinversetzen in die vergangenen Gärten des Theodor Storm! Vielleicht werden sie dann zu neuem Leben erweckt!

## Danksagung

Die Herausgeberin dankt Frau Dr. Kornelia Küchmeister, Schleswig-Holsteinische Landesbibliothek, Kiel, Frau Elke Jacobsen, Theodor Storm Archiv, Husum, Frau Dr. Astrid Fick, Nordsee-Museum Husum, Nissenhaus, sowie dem Verlegerehepaar Alix und Ingwert Paulsen, Schobüll, für Rat und Tat.
Bei den Überschriften handelt es sich zumeist um keine Originalüberschriften.

## Quellenverzeichnis

Novellen und Gedichte aus: Theodor Storm, Sämtliche Werke, Band 1–4, herausgegeben von Karl Ernst Lange und Dieter Lohmeier, Frankfurt am Main, 1988
Außer:
S. 7: Lustig blühts in meinem Garten, Gedicht aus Theodor Storm, Meine Gedichte, nach der Sammelhandschrift, 1833 begonnen, mit freundlicher Genehmigung des NordseeMuseums, Husum,
S. 39 u. 40 Urgroßmutters Garten an der Husumer Au, nach der Handschrift: Aus der Jugendzeit, Urgroßmutter Feddersens Garten, Storm Nachlass, Signatur Cb 50.11:01, nach der Handschrift,
S. 43 u. 44: Der Garten in Westermühlen, nach der Handschrift: Aus der Jugendzeit, Westermühlen, Storm Nachlass, Signatur Cb 50.11:01,
S. 56: Zu Emma Mannhardts Polterabend Mit Rosen, nach der Handschrift in Storms Notizbuch Was der Tag gibt, Storm Nachlass, Signatur Cb 50.11:08.

Die Wiedergabe dieser Texte erfolgte mit freundlicher Genehmigung der Schleswig-Holsteinischen Landesbibliothek, Kiel.

Briefe:
Theodor Storm, Briefe an seine Braut, herausgegeben von Gertrud Storm, Braunschweig, 1915
Derselbe, Briefe an Friedrich Eggers, herausgegeben von H. Wolfgang Seidel, Berlin, 1911
Theodor Storm – Ernst Esmarch, Briefwechsel. Kritische Ausgabe. In Verbindung mit der Theodor-Storm-Gesellschaft, herausgegeben von Arthur Tilo Alt, Berlin, 1997
Der Briefwechsel zwischen Paul Heyse und Theodor Storm, 2 Bände, herausgegeben von Georg J. Plotke, München, 1917
Theodor Storms Briefwechsel mit Theodor Mommsen, herausgeben von Hans-Erich Teitge, Weimar, 1966
Ludwig Pietsch, Blätter der Freundschaft. Aus dem Briefwechsel zwischen Theodor Storm und Ludwig Pietsch. Mitgeteilt von Volquart Pauls, 2. Auflage, Heide, 1943
Außer:
Theodor Storm an Constanze Esmarch,
S. 16 u. 17: Brief vom 17. u. 18. April 1844, nach der Handschrift, Storm Nachlass, Signatur Cb 50.53: 2, 04
S. 21: Brief vom 22. Juni 1844, nach der Handschrift, Storm Nachlass, Signatur Cb 50.53:2,24
S. 40 u. 41: Brief vom 11. März 1846, nach der Handschrift, Storm Nachlass, Signatur Cb 50.53: 02,13
S. 103 u. 104, Brief vom 26. November 1845, nach der Handschrift, Storm Nachlass, Signatur Cb 50.53: 02,38

Die Wiedergabe dieser Texte erfolgte mit freundlicher Genehmigung der Schleswig-Holsteinischen Landesbibliothek, Kiel.

# Inhalt

Lustig blühts in meinem Garten ...................... 7
Der Garten des Senators ........................ 8
Mein schönes Wunderland ..................... 12
Frauen-Ritornelle ............................. 13
An den Studienfreund Theodor Mommsen .... 15
An die Braut Constanze Esmarch ................. 16
Im Garten des Vetters Christian ................ 18
An Constanze Esmarch ..................... 21
Der Rosengarten ............................ 23
Die Nachtigall .............................. 25
Ein Rokoko-Idyll ............................ 26
Ein Tête-à-Tête im alten Garten ............... 29
Hinter den Tannen .......................... 33
In Großmütterchens Garten ................. 35
Großmutter erzählt ......................... 36
Im Frühling ............................... 37
Urgroßmutters Garten an der Husumer Au 39
An Constanze Esmarch ..................... 40
Ritornelle ................................. 41
Der Garten in Westermühlen ................. 43
Im Garten ................................. 45
„Ein grünes Blatt" .......................... 45
Der Garten eines Imkers .................... 47
Hüben, drüben ............................. 48
Der Garten der Erinnerungen ............... 49

| | |
|---|---|
| Abends | 52 |
| Zur Rosenzeit | 53 |
| Zu Emma Mannhardts Polterabend | 56 |
| An den Schwiegervater | 56 |
| Wenn die Äpfel reif sind | 57 |
| Abends | 67 |
| Bei der Obsternte | 68 |
| Im Garten der Regentrude | 71 |
| Ein Halliggarten | 75 |
| Gedenkst du noch? 1857 | 77 |
| Garten-Spuk | 79 |
| Ein Wiedersehen | 85 |
| Der Schlosspark | 88 |
| Das Marmorbild | 90 |
| August | 100 |
| Herbst | 100 |
| Wir saßen vor der Sonne | 101 |
| An Constanze Esmarch | 103 |
| Ein neues Fiedel-Lied | 105 |
| Nachwort | 108 |

Bibliografische Information
der Deutschen Nationalbibliothek

Die Deutsche Nationalbibliothek verzeichnet diese Publikation in der Deutschen Nationalbibliografie; detaillierte bibliografische Daten sind im Internet über http://dnb.d-nb.de abrufbar.

Die Rechtschreibung wurde den neuen amtlichen Regeln behutsam angeglichen.

2. Auflage 2012

© 2008 by Husum Druck- und Verlagsgesellschaft mbH
  u. Co. KG, Husum
Gesamtherstellung: Husum Druck- und Verlagsgesellschaft
Postfach 1480, D-25804 Husum – www.verlagsgruppe.de
ISBN 978-3-89876-258-8